这样管孩子玩游戏，父母不抓狂

非暴力管控的72个妙招

张 兵 ◎ 著

天津出版传媒集团

天津科学技术出版社

图书在版编目(CIP)数据

这样管孩子玩游戏,父母不抓狂 / 张兵著. -- 天津：天津科学技术出版社,2021.9
ISBN 978-7-5576-9545-3

Ⅰ.①这… Ⅱ.①张… Ⅲ.①家庭教育 Ⅳ.①G78

中国版本图书馆 CIP 数据核字(2021)第 136737 号

这样管孩子玩游戏,父母不抓狂
ZHEYANG GUANHAIZI WANYOUXI FUMU BUZHUAKUANG
责任编辑：吴文博
助理编辑：田　原
责任印制：兰　毅

出　　版：	天津出版传媒集团
	天津科学技术出版社

地　　址：天津市西康路 35 号
邮　　编：300051
电　　话：(022) 23332377
网　　址：www.tjkjcbs.com.cn
发　　行：新华书店经销
印　　刷：天津旭非印刷有限公司

开本 880×1230　1/32　印张 8　字数　160 000
2021 年 9 月第 1 版第 1 次印刷
定价：49.80 元

前 言 PREFACE

如果问孩子这样一个问题——世界上最好玩的东西是什么？我相信90%以上的孩子都会毫不犹豫地回答——游戏！

如果问家长这样一个问题——世界上最伤害孩子的东西是什么？我相信90%以上的父母都会毫不犹豫地回答——游戏！

的确，孩子天生爱玩游戏，游戏对孩子的诱惑力比糖果更大。从3岁到18岁，游戏时刻伴随在孩子身边。我记得小时候，为了偷玩游戏自己没少挨父母责骂，玩游戏的情景至今仍历历在目。如今，科技迅猛发展，电脑和智能手机成为每个家庭的必备工具，孩子在生活和学习中亲密接触，导致偷玩游戏更加方便。对很多父母来说，手机成了"哄娃神器"，从3岁开始，孩子就抱着手机或趴在电脑前东点西点，上看下看。不知不觉，孩子就养成了"游戏瘾"，中了游戏的"毒"。几天不玩，他们就感到心痒难耐，好像少了三魂六魄一样。有的孩子不惜跟父母吼叫对抗，目的就是为了能够多玩几分钟游戏。因为孩子玩游戏，不知有多少原本性情温和的父母变得暴跳如雷,加入"棍棒教育"的行列,不知有多少父母一怒之下摔了心爱的手机,不知有多少父母看着玩游戏的孩子伤心落泪,恨铁不成钢……就这样,在父母眼里,游戏成了洪水猛兽,游戏成了扼杀孩子的"刽子手",游戏成了阻挡孩子进步的"绊脚石"。一个原本好好的孩子被游戏给毁掉了,孩子原本犀利明亮的眼睛也被游戏摧残,变成了高度近视。由于沉迷游戏,孩子上课走神,成绩一塌糊涂。

在这种情况下,如何才能拯救孩子于水火之中呢?如何才能解决让千万父母抓狂和头疼的教育难题呢?这正是我所关注和研究的课题,也正是我之所以策划和创作本书的缘由。说实话,要不是鞭子抽在自己身上,我是不愿啃这根难啃的"硬骨头"的。我儿子因为从小迷上游戏,导致小学三年级检查时发现已经是400度近视!医生说,如果按照这个速度发展下去,到了高中至少1000度!这让我深深感到了自责和懊悔,我懊悔自己为什么对孩子玩游戏这个问题竟如此掉以轻心,我懊悔自己为什么没有提前学习相关知识和方法。如果当时我能读到一本教父母如何管孩子玩游戏的书该多好,那样我儿子就不至于沦落到这个地步。然而,木已成舟,懊悔又有什么用呢?痛定思痛,我决定深入研究"如何管孩子玩游戏"这一课题。既然我的孩子已经受到游戏如此大的伤害,那么作为一名图书策划人和畅销书作者,我有责任和义务来创作一本管孩子玩游戏的实用指南,以此对自己的过失亡羊补牢,避免更多父母重蹈我的覆辙。

为策划和创作本书，我查阅了大量丰富的资料，向诸多专家和学者请教，同时也在亲友、同学之间进行了一线调查。在本书中，我详细剖析了孩子玩游戏的心理根源，以及孩子玩游戏的双刃剑效应。更多内容结合当下案例，提供切实有效的解决方案。我相信父母读了此书，按照书中方法管孩子玩游戏，孩子一定会发生翻天覆地的变化，大家也一定能够避开我当年所走的弯路。我希望本书像镇痛剂一样有效祛除父母的心病，帮助孩子远离游戏、爱上学习，爱上多彩的大千世界，同时促进千万家庭和睦兴旺，增进父母与孩子的情感交流，让家有儿女的父母们彻底摆脱烦恼，从此不再抓狂！

张兵

2021 年 5 月 14 日于天津

目 录 CONTENTS

第一章 树有根，水有源
——为什么孩子痴迷电脑/手机游戏

> 有小伙伴问旺旺："你会不会打《植物大战僵尸》？"旺旺摇摇头，又有人问他："会不会打《愤怒的小鸟》？"旺旺还是摇头。于是大家都笑话旺旺，说旺旺老土，连这些小游戏都不会打。就这样，小旺旺伤心了，觉得自己不如别人。
>
> 确实如此，"树有根，水有源"，孩子痴迷电脑/手机游戏有大时代的原因，也有其内心需求的原因。不管什么原因，我们要弄清楚其背后隐藏的真相，不然就会一头雾水。

不玩游戏会被同学笑话老土　/ 003

游戏可以使孩子卸掉伪装　/ 007

玩游戏可以增强精神上的胜利感　/ 011

玩游戏可以减轻现实中的痛苦　/ 015

父母的唠叨、老师的批评不见了　/ 018

第二章　你家孩子是哪种类型
——这些孩子容易沉迷游戏

> 孩子玩游戏的苦恼是一样的,但其原因则各个不同。我们要区别分析,区别对待。你家孩子为什么会成为游戏的俘虏?你认真思考过吗?相信看完本章,你一定能有所了解,并能够对号入座看清病症,从而对症下药解决问题。

第1类:和父母沟通有障碍的孩子　/ 025

第2类:在现实中表现懦弱的孩子　/ 030

第3类:对亲情和友情表现冷漠的孩子　/ 033

第4类:个人意志压抑、人格不被尊重的孩子　/ 037

第5类:不积极、不主动,害怕被拒绝的孩子　/ 041

第6类:性格孤僻、自我封闭的孩子　/ 045

第7类:缺乏学习与生活目标的孩子　/ 049

第三章　解铃还须系铃人
——孩子痴迷玩游戏,父母要从自身查原因

> 俗话说:"解铃还须系铃人。"如果家长每天抱着电脑/手机疯狂玩游戏,就不要抱怨孩子总是玩游戏。对孩子来说,模仿家长是最自然的行为。如果家长忽视冷落孩子内心的需要,缺少对孩子的关心和兴趣的培养,就不要抱怨孩子对游戏比对自己还亲,正所谓"种瓜得瓜,种豆得豆"。

过分的放纵和过分的限制　/ 055

只重视学习成绩,忽略孩子的特长培养　/ 060

对孩子缺乏关爱,孩子感觉孤独与寂寞　/ 064

父母的不理解,让孩子选择破罐子破摔　/ 068

亲子关系越差,孩子越容易游戏成瘾　/ 072

第四章　釜底抽薪"撒手锏"
——对付游戏上瘾的孩子，父母不可不知的妙招

> 几乎所有父母都关心一个共同的问题：对付孩子玩游戏，什么方法最有效？到底有哪些"撒手锏"能够达到釜底抽薪的效果？在本章，我们为各位父母提供了一些实战策略，希望能够在解决实际问题中有所帮助。

转移注意力——用一种瘾取代另一种瘾　/ 079

诱导除瘾法——培养孩子的阅读兴趣　/ 083

别把孩子长时间闷在家里　/ 088

共度闲暇时光，别让电脑成为孩子的"保姆"　/ 092

闹钟法、倒计时法——严格控制孩子玩游戏时间　/ 095

厌恶疗法——让孩子一次玩个够，从此产生厌恶感　/ 099

第五章　规矩和爱
——父母要掌握管孩子玩游戏的平衡术

> 俗话说："没有规矩，不成方圆。"父母管孩子玩游戏也是同样道理，一味地溺爱纵容肯定是不行的，失去束缚的孩子会长成浑身分叉的小树。一味地管制和打压同样行不通，过分严酷会伤害到孩子幼小的心灵。对于孩子，我们要不失规矩，同时又不能忽略爱的抚慰，要做到恩威并施，宽严相济。

学会用规矩和爱来管　/ 105

因为爱，所以自律——做个好榜样，拒绝带头玩游戏　/ 108

就是要郑重其事——与孩子签定"上网协议"　/ 111

好孩子需要好营养——让孩子听好歌、看好动画片　/ 117

合理安排游戏时间，让孩子养成好习惯　/ 121

做好孩子的"把关人"　/ 124

第六章　堵不如疏
——看管得越紧，孩子陷得越深

> 我们中国人都知道大禹治水的神话传说，这个故事教给我们一个道理，那就是——堵不如疏，这个方法同样可以应用到家庭教育中来。在有关孩子上网和游戏这个问题上，我们一定要注意方式和方法。具体应该怎么做呢？请翻开本章，让我们一起学几招实用策略。

禁果分外甜——父母越禁止，孩子越想玩　/ 131

水至清则无鱼——过于单纯会让孩子心智幼稚　/ 135

拒绝暴力——粗暴封网，斩杀孩子的求知欲　/ 139

培养孩子的自控能力和自制能力　/ 143

把网络游戏"任务化"　/ 145

第七章　从游戏专家到技术专家
——父母这样引导孩子最智慧

> 孩子喜欢玩游戏并不可怕，关键是父母如何因势利导，利用孩子这股子疯劲儿，教他们主动研究和探索。我们可以在游戏中培养孩子的动手能力，让游戏过程变成学习和创造的过程，让孩子从游戏专家不知不觉变成网络技术专家，成为未来的科学小达人！

让孩子明白电脑/手机不是一台游戏机　/ 151

让孩子明白"正事儿"和游戏娱乐之间的区别　/ 155

给孩子安装一个儿童版的桌面或系统　/ 159

在游戏中发现孩子的人生天赋　/ 162

利用游戏培养孩子的动手能力　/ 166

第八章　管孩子玩游戏不能太老实
——父母控网五大攻略

> 父母管孩子玩游戏，真的不能太老实。要想有效控网，我们必须要懂一些攻略，让孩子领略自己的良苦用心，一切的目的就是为了让孩子远离游戏，更好地与网络相处。让我们翻开本章，看看哪些攻略是要牢记在心的。

近水楼台先得月——电脑不要放在孩子房间里　／173
上网不等于游戏上瘾——让孩子养成正确上网习惯　／177
试着和孩子谈网上话题，让孩子觉得你也"懂"　／180
解铃还须系铃人，督促孩子记下每天所做的事　／184
化害为利——把游戏题材转为孩子写作的素材　／187

第九章　父母是孩子最好的网络导师
——培养孩子健康上网观念

> 孩子年纪小，阅历不深，辨别能力不强，如果沉迷于游戏或不小心登录不良网站，极有可能会陷入危险之中。身为父母，我们不能让孩子独自徘徊在网络的十字路口上，而是要肩负起督导和教育的责任，做孩子最好的网络导师，培养他们的健康上网意识，感受健康网络所带来的乐趣。

和孩子一起去浏览，感受健康上网的乐趣　／193
让孩子明白网络世界和真实世界的区别　／197
把权力下放，培养孩子的自我控制能力　／201
让孩子明白电脑／手机是用来工作和学习的　／206
"人机对话"不如"人人对话"　／210

第十章 网络游戏是把双刃剑
——父母要牢记的7个忠告

> 游戏难道真是洪水猛兽吗?事实上,世上任何事物都是矛盾体,有好的一面,必然也会有坏的一面。网络是服务于人的,游戏也是一样。作为父母,我们没必要躲避,而是要走近游戏,利用它,让它为孩子多做"好事"。牢记本章的7个忠告,可以更好地让游戏成为孩子成长的助手,让孩子从中汲取营养,获取人生正能量。

游戏是把双刃剑——孩子玩游戏不一定是坏事 / 215

不要如临大敌——孩子玩游戏只是一种娱乐 / 218

游戏规则会让孩子懂得公平、分享和等待 / 221

学会让电脑/手机变成孩子的教辅工具 / 224

学会选择——孩子究竟适合玩什么样的游戏 / 228

让孩子在清风中尽情享受,在阳光下快乐成长 / 231

坚决不让孩子过于沉迷网络游戏 / 235

后记 / 239

第一章

树有根，水有源
——为什么孩子痴迷电脑/手机游戏

有小伙伴问旺旺："你会不会玩《植物大战僵尸》？"旺旺摇摇头，又有人问他："会不会玩《愤怒的小鸟》？"旺旺还是摇头。于是大家都笑话旺旺，说旺旺老土，连这些小游戏都不会玩。就这样，小旺旺伤心了，觉得自己不如别人。

确实如此，"树有根，水有源"，孩子痴迷电脑/手机游戏有大时代的原因，也有其内心需求的原因。不管什么原因，我们要弄清楚其背后隐藏的真相，不然就会一头雾水。

 ## 不玩游戏会被同学笑话老土

一位小学教师曾无奈地透露，每当寒暑假开学之后，孩子间最流行的问候语是："你现在玩什么游戏？玩到几级了？"在以前，孩子开学后谈论最多的是阅读知识、旅游见闻，而现在，他们更关心对方玩什么游戏以及玩到哪个级别。

在父母眼中，游戏是一个万恶的词！每当看到孩子躲在角落玩游戏的情景，每一个家长都有怒从心头起的情绪。中国青少年研究中心少年儿童研究所所长孙宏艳说："网络游戏屡禁不止，家长、老师各种斗法，我们成年人不希望孩子玩网络游戏，但网络游戏是孩子的乐趣所在，如果非要遏制孩子接触网络游戏，可能会带来两代人之间的冲突。"的确如此，因为游戏，原本和谐的亲子关系开始鸡飞狗跳。

孩子天生爱玩游戏。凡是有条件接触电脑、智能手机的孩子，无一例外都对网络游戏抱有极大兴趣。根据中国青少年研究中心发布的《中小学生网络游戏的认知、态度、行为研究报告》，中小学生喜欢网络游戏的比例已经超过70%。只不过，孩子碍于父母或学校的约束，才不得不压抑自己的欲望。

如果给予自由，他们绝对会毫不犹豫扑向电脑、手机，在游戏中搏杀冲浪！

那么，我们能彻底断绝孩子与电脑和手机接触吗？在网络主宰生活的今天，显然不可能。要知道，孩子才是地地道道的数字原住民，网络是他们一生下来就接触的东西，也将是他们未来工作生活的工具。就像鱼儿离不开水，孩子同样离不开网络的影响。

作为父母，是时候重新审视孩子与游戏的关系了！孩子为什么玩游戏，为什么屡禁不止？其实，这背后藏着深刻的原因，绝不是一句简单的"上瘾"就能回答的。有这样一个案例，向我们揭示孩子玩游戏的原因的确不简单——

旺旺该上幼儿园大班了，为了能让孩子受到更好的学前教育，妈妈决定把他送进全市条件最好的私立幼儿园。刚入园时，旺旺表现得非常开心，每天放学回家，都会兴致勃勃地跟妈妈说这说那。别人问他这个新幼儿园好不好，旺旺总是骄傲地说："棒极了！"

令人意想不到的是，一周之后，旺旺突然拒绝去幼儿园了。妈妈认为是班里别的孩子欺负旺旺了，所以他才害怕去学校，于是跟老师通了电话。老师说，孩子每时每刻都在眼皮底下，不会有这样的事情发生。妈妈又和旺旺谈了好久，终于弄清了事情的原委。

原来，旺旺不肯去上幼儿园，是因为感到自卑。有一次，小朋友们凑在一起谈论打游戏的事儿。妈妈平时不许旺旺碰电脑/手机,所以旺旺对游戏是一窍不通,人家说的是什么,他根本不懂。这时候,有小伙伴问旺旺:"你会不会玩《植物大战僵尸》?"旺旺摇摇头,又有人问他:"会不会玩《愤怒的小鸟》?"旺旺还是摇头。于是大家都开始笑话旺旺,说旺旺老土,连这些小游戏都不会玩。就这样,小旺旺伤心了,觉得自己不如别人,所以不想去幼儿园了。

在孩子的世界里,游戏是一个绝对时髦的话题——你不懂游戏,不会玩游戏,就会显得自己很老土。如果孩子不懂游戏,就会失去很多与其他同学交流的谈资。被同学笑话倒是小事,关键问题是——他会由此产生一种自卑感。这种自卑心理对他日后的成长十分不利。

想想我们大人又何尝不是如此呢?比如,女人们凑在一起,聊得最多的是网络购物,如果你连网购都不会,肯定会被嘲笑"老土"。同样道理,孩子不是生活在真空地带。他们周围的大环境,是我们无法左右的,同龄人的言行与喜好,时时刻刻都在对孩子产生潜移默化的影响。回想我们小时候,也曾对很多流行的东西趋之若鹜。一本漫画书,一件新奇的玩具,都会令我们魂牵梦萦。和同伴聊天的时候,也会三句不离"本行",那种痴迷的程度,一点儿都不亚于现在孩子对游戏的热情。当年我们的行为,也曾遭到父母的批评与指责,而且同样屡禁不止。为什么会这样?如果不了解这些"流行元素",我们就被嘲笑老土了!

长大以后，每个人开始有自己的圈子，每个圈子又有各自热衷的话题。每次见面，如果谁能发表新观点或独到见解，马上就会成为圈中的红人，大家都会对他刮目相看。有时候，我们疏于应酬，等再聚会的时候，开始发现自己成了圈里的外行——很多新闻自己不知道，很多话题自己插不进嘴。人家谈得兴高采烈，自己却傻傻呆坐。此时此刻，你肯定会感觉自己已经落伍，思想跟不上大家前进的步伐了。

　　换个角度思考，孩子的情况跟我们大人又有什么不同呢？所以我们千万不要看到孩子玩游戏，就认为洪水猛兽来了。我们父母要做的是——科学合理地引导，让孩子学会自律自控，不沉迷不放纵，更不可影响正常学习。我不建议采取简单粗暴的方式，强行让孩子断绝网络，那就等于把孩子"与世隔绝"，让他在与同龄人相处时沦为十足的小傻瓜！

 **游戏可以使孩子卸掉伪装**

为什么孩子沉迷游戏、不爱学习呢？事实上，背后有一种可能——孩子的心理出现了问题。他心中有太多烦恼和苦闷，需要依靠游戏来发泄和解脱。

在现实世界，无论大人还是孩子，每个人活着都很不容易。孩子同样面临各种各样的压力，比如在家要听父母的话，在学校要听老师的话，学习上要争第一……很多孩子为了讨父母、老师的欢心，往往会装作很乖的样子，逐渐养成了"讨好型人格"。他们带着伪装的面具，内心的天性却受到压抑。长此以往，他们的心理就会出现这样那样的问题。

然而，在游戏世界，孩子可以卸掉各种伪装，肆意发泄心中的苦闷。有些孩子迷恋枪战之类的暴力游戏，就是因为他们把这里当成了宣泄的舞台。在虚拟的游戏里快意恩仇，在暴力的击打中体验野性的快感。有些孩子甚至会把游戏中屠戮的对手想象成严厉的家长或苛刻的老师，以此来发泄心中的情绪。正因这种虚拟的快感体验，才让他们欲罢不能！

周晓晨今年十三岁，上初中二年级，他是班里的学习委员，一向被老师看好。班主任杨老师每次见到周晓晨的父母，都会笑眯眯地说："你儿子肯定能考上重点高中，我不会看错的！"然而有一次，有同学打小报告说："晓晨放学后去网吧了！"杨老师一听上了火。晓晨是杨老师最放心的孩子，也是她期望最高的孩子，这样的未来之星居然去网吧，这怎么得了？

杨老师当即打电话通知晓晨的父母。晓晨的父母也感到震惊，他们从来没想到，自家孩子也会被"叫家长"。爸爸到了学校之后，将晓晨一通"猛轰"，接着他和杨老师共同制定了一套严格的"监护"计划——无论爸爸妈妈工作多忙，都要抽出一人来接晓晨回家，绝不能让他在网游中"溺死"！

然而，晓晨已经游戏成瘾，每当周末就会编造各种借口，去同学家玩游戏。有一次，晓晨在一位同学家玩游戏，到了晚饭时间还不回家。同学的爸爸提醒晓晨时间不早了，晓晨嘴上说"马上马上"，可就是不肯动地方。于是，同学的爸爸把电话打到晓晨家。

晓晨爸妈急忙赶到同学家里，同学的爸爸示意他们不要出声。大家蹑手蹑脚来到书房，看到晓晨正玩得入迷。只见他满头大汗、满脸通红，一边玩儿一边大喊大叫。晓晨这个样子，与他平时小绵羊的形象相差甚远，爸爸妈妈都惊呆了！他们又观察了一会儿，发现游戏里的人物名字取得很怪，男的叫"老周"，女的叫"老白"。在游戏里，老周和老白被晓晨捉弄得很惨。原来，晓晨的妈妈姓白，老周和老白代表的就是爸爸和妈妈。晓晨玩这个游戏，正是为了发泄自己对爸爸妈妈的不满。

在同学爸爸的示意下，他们悄悄退出，并没打扰晓晨的游戏。在另外一个房间，他们进行了一场认真的谈话，同学爸爸帮他们分析晓晨的现状，得出的结论是——晓晨这孩子平时太压抑了，所以才会有如此出格的行为。在同学爸爸的开导下，晓晨的爸爸妈妈深刻反思了自己的行为。后来经过一番引导，晓晨的学习状态恢复正常，他在周末规定时间内偶尔打打游戏，父母也是可以接受的。他们不再把晓晨管得太严，尽可能给他一个放松的空间。

在现实生活中，每个人都会遭受压力，每个人都会产生情绪。而宣泄减压则是一种正常的自我心理调节方式。关于情绪宣泄，著名作家契诃夫曾说："遭到痛苦，我就叫喊，流眼泪；碰到卑鄙，我就愤慨；看到邋遢，我就憎恨。在我看来，只有这才叫生活！"在他看来，该哭就哭，该叫就叫，该发怒就发怒，这才是让内心舒畅的快意人生。

我们大人是如何宣泄自己情绪的呢？一般选择爬山、打球、唱歌、看电影等。**孩子同样需要自我宣泄的渠道，一味隐忍和戴着面具讨好，并不利于他们心理健康成长。为了卸掉伪装、宣泄自己，孩子往往选择玩游戏**——虽然游戏并不是最好的选择，但却是他们最容易、最普遍的选择。不管我们大人愿不愿意承认，必须要正视这一事实。

根据美国俄亥俄州立大学传播和心理学教授布拉德·布希曼的研究结果，适当玩一些节奏缓慢、画面轻松的休闲小游戏可以提高快乐感，起到减压效果。游戏之后，人们变得更加亲切，生活态度更加积极乐观，更愿意对他人提供力所能及的帮助。从这个角度来说，在孩子搞好学习的前提下，适当允许孩子玩一玩休闲小游戏未尝不可。

 **玩游戏可以增强精神上的胜利感**

你家孩子是鹤立鸡群的"明星",还是默默无闻的"普通人"?

不得不承认,上天是不公平的——有些孩子生下来就是天赋异禀,在同龄人中光彩夺目。在家是父母的宝贝,在学校是老师的宠儿,所有的鲜花和掌声都被他们占尽了!与此同时,有谁肯关注那些资质平平的孩子呢?他们智商不算高,学习不算好,在家被父母唠叨、训斥,在学校被老师批评、挖苦。他们梦想做红花,却只有做绿叶的份儿。

然而,鹤立鸡群的"明星"总是凤毛麟角,大多数孩子都是平凡普通。对于普通孩子而言,耀眼的光环遥不可及,暗淡无光才是常态。久而久之,他们感受不到精神的满足和成就,只有挫败和无力。为了弥补内心的缺憾,很多孩子迷上了游戏,试图以此找回心理的平衡。

游戏世界真是神奇啊,那些现实生活中很难得到的东西,在游戏中轻而易举就得到了。一个生活中的差等生和笨孩子,在游戏中摇身一变,成了大侠客、大英雄,武功高强、战功赫赫，所有人都尊敬他、仰慕他……这种成功体验，会让孩子心理得到极大的满足。

一次次晋级，一次次通关，他们感觉自己就像过五关斩六将的勇士，经受住了一次次高难度的残酷挑战！让他们惊喜的是——每攻破一道关卡，就会得到奖励，尽情享受胜利的快感。这就像一种骑士精神，唤醒了他们内心冒险的冲动，让他们在虚拟战场上越战越勇。一旦获得最后的胜利，他们就会信心倍增、豪情万丈，将现实中的失落和抑郁一扫而光！

小武是一个初中生，他的学习成绩一般，"三好生"从来轮不到他。在老师眼里，小武属于那种唱"和声"的，主调都是前十名在唱。像小武这样的，多一个不算多，少一个也不算少。班里还有许多这样的孩子，他们对老师的漠视习惯了，开始自暴自弃——上课无精打采，遇到会的问题也不举手。因为即使举了手，老师也不会让他们回答。

同为中等生，小武的表现和这些孩子不同。他特别自信。遇到不会的地方，积极向老师请教。在课堂上，他十分活跃，跟老师互动很好。回答问题声音响亮，即使错了，也不在乎。

小武由于表现不错，被老师选为中等生代表，要在家长会上代表中等生发言。家长会上，尖子生发言完毕，该小武发言了，只见他昂首挺胸走上讲台，表情自如，不卑不亢，演讲很精彩，赢得了大家热烈的掌声。

很多家长感到纳闷，小武学习成绩一般，为什么就能这样自信满满呢？原来，小武自有一套调节的方法。很多人想不到，小武是同龄人中的游戏高手。他的父母没有像其他家长那样粗暴干涉，而是每周给他留出一定的游戏时间。小武从小就有很高的游戏天赋，连爸爸也不是他的对手。他的自信心，就是在游戏中找回来的。

别的孩子看到不可一世的尖子生，会感到自惭形秽。而小武却会在心中告诉自己："我是游戏高手，打游戏我比他们强！"正是这种微妙的胜利感，让小武成了一个自信的孩子。而且他也有了自己的梦想，将来上大学学习游戏编程，创造更多精彩的游戏。

从上述案例中我们可以看到，游戏并非我们想象的那样一无是处，在必要的条件下，它可以起到一种正向强化的作用。正向强化由美国行为心理学家斯金纳首次提出。他认为，一个行为的改变是由行为后果所决定的。通过行为后果可以带来激励和奖赏，就会进一步强化这种行为。如果孩子每次玩游戏都能从中获得巨大的愉悦感和成就感，那么就会进一步强化他的游戏行为，从而大大提升他内心的自信。

可以说，巧妙运用游戏的正向强化效应，有助于拯救在生活中有挫败感的孩子，让他们在游戏中体会到胜利的快感，并重新找回自信。当然，任何事物都是双刃剑，正因游戏正性强化效应存在，孩子对游戏的依赖性会进一步增强，如果陷入过度沉迷的程度，必然会影响正常的学习和生活。所以，父母的正确引导和管控是很有必要的。

那么，游戏对孩子到底是有益还是有害呢？这真不是一言可以断定的事。如果你看到自家孩子玩游戏，建议先不要一棒子打死，而是先仔细分析孩子的心理与处境，搞清楚他玩游戏的原因与动机，然后再考虑如何进行引导。

父母应该如何借助游戏巧妙引导，树立孩子失却的自信心，并将他们对游戏的自信转移到学习上来呢？或许我们可以尝试这样做——如果发现孩子在游戏中技术娴熟，鼓励道："你很棒，我看好你哟！"当孩子告诉你游戏胜利的消息，你要说："你干别的肯定也行！"如果孩子打完游戏后心情大好，赶紧趁热打铁扭转注意力，对他说："现在是不是该写作业了？"

这样一来，在父母潜移默化的正确引导下，游戏不仅没有成为负担，反而成了一味良药，有效疗愈了孩子的心理缺陷，让他们从中收获自信和勇敢，从而有助于学习和生活。

 ## 玩游戏可以减轻现实中的痛苦

一款游戏的广告文案这样写道:"人生没有奇迹,但是游戏里有。"现实世界过于沉重,人们就喜欢躲在游戏里,让自己短暂地逃离,让自己在虚拟中获得片刻欢愉。事实上,这正是孩子喜欢游戏的重要原因。在游戏里,孩子感觉现实中的痛苦和压力减轻了。久而久之,游戏就成了逃避现实的"安乐窝",以及不良情绪的"减压阀"。

汪姐有个女儿叫兰兰,今年5岁。兰兰平时小性子很多,稍有不如意,就会噘起小嘴巴。汪姐惹着了她,她会把自己关在房间里,几个小时不出来,有时干脆连饭也不吃了。

提起兰兰的小脾气,汪姐就感到头疼。后来,兰兰跟表哥玩了一会儿游戏,立刻表现出浓厚的兴趣。从那以后,兰兰再遇到不高兴的事,就会扑向电脑,只要一打游戏,她立即变得很开心,原来的不快都被丢到脑后。玩过游戏之后,兰兰该吃吃,该睡睡,一点儿也不像生过气的样子。

这要换到以前，兰兰肯定会别别扭扭好几天。现在倒好，游戏成了兰兰的"忘忧草"。连汪姐也不得不承认，兰兰现在的性格比以前开朗了，人也变得乐观了。

从上述案例中，我们可以得知：适当玩游戏，能让孩子忘记烦恼。游戏给孩子提供了一片自我释放的虚拟空间，安排了一个属于他自己的角色。在游戏中，孩子可以主宰自己，从而忘却身边的烦恼，将内心的忧愁一扫而光。一场精彩的游戏，能帮助孩子从情绪困境中解脱出来，让愁眉不展的他重新变得开心。

很多父母认为，今天的孩子生活条件如此优越，怎么可能会有苦闷和忧愁？其实，今天孩子所承受的压力比我们小时候大多了！与我们小时候相比，现在孩子学习上的压力明显增大，各种功课、辅导班应接不暇。另外，他们所面临的家庭环境也更加复杂。离异家庭、冷暴力家庭、夫妻不和家庭，都占据很大的比例。学习和生活上的种种压力，让孩子陷入痛苦中不可自拔。这时候，很多孩子便把游戏当成了开心栏目。在游戏中，他们暂时从繁重的作业和父母的唠叨中得到解放，从而换来轻松自由的一刻。

与其让孩子在现实中压抑自我，不如给他一点儿自由游戏的时间，让他的情绪在这个时间段里得到缓冲和释放。我认识一位高知身份的妈妈，平时对孩子要求十分严格，但一旦发现孩子情绪不对劲儿，她就会放孩子一马，告诉他："你先去玩一会儿游戏吧，过一会儿再来写作业。"这种做法效果特别好，刚才孩子还闷闷不乐、愁眉不展的，玩了一会儿游戏回来，马上就变得乐呵呵了。这时她再让孩子做"正经事"，孩子就会听话照做，而且毫无怨言。

然而，我们还要明白一个道理——玩游戏和沉迷游戏不是一回事儿。玩游戏是一种正常的娱乐，沉迷游戏则是一种精神病态。根据世界卫生组织（WHO）发布的第十一版《国际疾病分类》（ICD-11），"游戏障碍"（Gaming Disorder）并列为精神疾病。记得有则新闻，一位30多岁的男子，工作被辞后一蹶不振，整天躲在家里打游戏逃避现实。如此沉迷游戏，像鸵鸟一样把脑袋埋在沙堆里，不敢睁开眼睛观望现实，这难道不正是一种令人堕落的精神疾病吗？

作家鲁迅说："真的猛士敢于直面惨淡的人生，敢于直面淋漓的鲜血。"正视现实也是自信和勇敢的一种体现。游戏毕竟只是逃避现实的一种手段，我们不能在虚拟的游戏世界里生活一辈子。作为父母，一定要让孩子牢记——不管在游戏中如何春风得意，最终还是要回归现实，努力学习拼搏，尽力过好每一天！

 **父母的唠叨、老师的批评不见了**

相信看过电影《大话西游》的人,都会对唐僧唠叨的形象记忆深刻。因为唐僧的唠叨,孙悟空不胜其烦,差点拿金箍棒打死他;因为唐僧的唠叨,两个小妖上吊自杀。虽然这是搞笑的剧情,但现实中我们同样有着类似经历。如果问大家最怕什么,我敢说十有八九会有人回答"父母的唠叨"或"老师的批评"。

的确,父母的唠叨和老师的批评是爱的体现,但同时也是童年的阴影和噩梦。每当父母唠叨或老师批评的时候,很多人都会捂住耳朵,或者钻进被窝,用被子蒙着头。面临这种情况,大多数人都会低头不语,看似在听,其实脑子里在想完全不想干的事情。不少父母反映自家孩子喜欢玩游戏,孩子宁愿躲在角落里玩游戏,也不跟家长沟通交流。我就问他们:"你们平时在家里,是不是经常唠叨?"他们想了想,大多点了头。是的,我们小时候讨厌唠叨,但长大后做了父母,不知不觉却变成自己曾经最讨厌的这种人。

我有个朋友，两口子都是急性子，平时一点芝麻小事都能吵起来。他们情绪失控，对孩子更没耐心。他们的儿子亮亮，今年11岁了，可以说是在父母吵架进行曲中长大的。一般来说，在吵架家庭长大的孩子，大多会变得胆怯、脾气怪。然而，亮亮看上去性格开朗，丝毫没有受到原生家庭的影响。

每次父母吵架时，他不像其他孩子那样满腹委屈、发脾气，而是悄悄跑进房间玩一会儿游戏。他们不明白孩子的做法，还以为是亮亮在故意挑衅他们。其实亮亮玩游戏，只是想屏蔽父母的争吵和唠叨。事实证明，这种屏蔽效应是相当见效的。正因及时屏蔽，亮亮心理才没受到影响，性格发展也始终正常。

很多时候，孩子选择玩游戏，并非网瘾使然，而是屏蔽外界负面环境的一种途径。得知这一点，我们是不是应该从自身寻找原因呢？如果想让孩子正确处理学习与游戏的关系，我们就要先处理好自己与孩子、自己与家庭的关系。当你和孩子关系融洽、家庭和睦的时候，他自然无须从游戏中寻求清净了。

父母的唠叨和老师的批评，都会让孩子长期处于焦虑状态。当承受能力达到极限，一部分孩子会选择反抗，离家出走或破罐破摔，另一部分孩子则会采取消极对抗，比如选择玩游戏。投身丰富多彩的游戏世界，一切像苍蝇一样嗡嗡的声音一下子全都消失不见。这样一来，游戏成了孩子的避风港。网络就如同一座世外桃源，电脑屏幕就像有一道无形的墙，把现实世界的烦恼隔到了墙外。这就是游戏的屏蔽效应，可以帮助孩子们"眼不见，心不烦"。

屏蔽效应原为物理现象，20世纪30年代美国科学家斯莱特首次提出。由于其他电子对某一电子的排斥作用而抵消一部分核电荷对该电子的吸引力，从而削弱核电荷对该电子的吸引。延伸至社会生活，屏蔽效应指过于关注某个事物，从而不知不觉让自己忽视另一个事物。就像孩子玩游戏的时候，天地好像都不存在了，哪怕父母和老师站在背后，他们还浑然不觉。

为什么父母会叨唠？为什么老师会批评？很多时候是因为孩子犯了错。然而，人非圣贤，孰能无过？为了避免孩子投入游戏的怀抱，我们应当如何正确对待孩子犯错这件事呢？一般来说，有下面三点可供借鉴：

1.一事一议，不要叨唠没完

你是不是看到孩子犯错就唠叨不断，数落完了这件事，又扯上别的事，结果越说越气？这种做除了使孩子更加厌烦，起不到任何作用。孩子犯了错，那就只说这件事，绝不唠叨。这样会使孩子印象深刻，最终改过。

2.孩子犯错，千万不可翻旧账

喜欢旧事重提是很多父母的通病，孩子今天犯了错，能把几年前的旧账翻出来，然后再新账、旧账一起算。以前的事过去就过去了，没必要回回揭孩子的伤疤。喋喋不休的唠叨，只会增加孩子的厌烦，从而把他们推向游戏的世界。

3.让孩子悔过，不在于你说多少，而在于他听进去多少

很多父母批评孩子就像上政治课，唠叨起来没完没了。事

实上,批评是一门艺术,父母说得太多,孩子反而不知所云。我们每次批评务必简明扼要、入耳入心,只要让孩子把道理听明白了,那我们的目的就达到了!

第二章

你家孩子是哪种类型
——这些孩子容易沉迷游戏

　　孩子玩游戏的苦恼是一样的,但其原因则各个不同。我们要区别分析,区别对待。你家孩子为什么会成为游戏的俘虏?你认真思考过吗?相信看完本章,你一定能有所了解,并能够对号入座看清病症,从而对症下药解决问题。

 **第1类：和父母沟通有障碍的孩子**

面对游戏的诱惑，孩子的抵抗力是一样的吗？如果你仔细观察就会发现，有些孩子对游戏十分依赖，沉迷其中，不可自拔。令人费解的是，有些孩子面对游戏则能收放自如，克制自我。同样面对游戏诱惑，为什么有的孩子玩得起放得下，而有的孩子却像着了魔？到底是什么原因造成他们迥然不同的态度呢？

关于这个问题，我曾在亲友间做过一个小调查。调查结果显示，凡是抱怨孩子迷上游戏的家长，大都与孩子"合不来"。这种"合不来"，就是我们常说的沟通障碍。缺乏沟通的孩子，往往会将感情寄托在游戏世界。可以说，一个孩子与父母的关系越冷淡，他与游戏的关系就会越热络。

浩浩是朋友老冯的儿子，今年14岁了，正处在发育期。据老冯说，浩浩上小学的时候，在家里总是有说有笑，小浩浩喜欢跟妈妈撒个娇，还喜欢跟爸爸辩论问题。自从浩浩上初中后，跟爸妈接触的时间就变少了。浩浩上的是重点班，课程进度非常快，作业也特别多，学习上的压力让浩浩变得沉默寡言。

就在这个时候，老冯的岗位调动了，工作特别繁忙。周末浩浩回来，老冯却在单位加班，父子俩很少能见到面。妈妈呢，一心想让浩浩利用周末搞好学习，一般情况下不去打扰孩子。这样一来，母子之间也不常交流。

过了一段时间，妈妈发现，浩浩回家之后，话变得越来越少，玩游戏的兴趣却越来越大。除了闷头吃饭，就是关在屋子里玩游戏。到了暑假，爸妈打算给浩浩报个补习班，可浩浩死活不同意，坚持要自己在家复习。其实呢，整个暑假里，浩浩在家学习的时间很有限，大部分时间都是在打游戏。作业没写多少，游戏等级却升得挺快。这下老冯两口子开始担心，浩浩是不是游戏上瘾了？

要想让一个孩子健康成长，难道保证吃好喝好穿好就够了吗？答案是否定的。父母只给予物质是远远不够的，还要提供情感关怀和心理引导。孩子渴望爱，渴望沟通交流，他们有着丰富的心理诉求。如果你家孩子处在青春期，那就更应该保持警惕了！这一时期，他们心理变得特别敏感和脆弱。父母一定要与孩子多沟通交流，学会分享孩子的快乐，懂得分担孩子的忧愁。如果沟通不畅，孩子就会与父母产生隔膜，导致各种误会。如此一来，孩子就会渐渐走进孤僻的死胡同，转而把感情寄托在网络游戏上。相信这样的结果每个父母都不想看到，最好的解决办法就是找到问题的关键所在，重塑亲子沟通机制。

一般来说，父母与孩子之间的沟通障碍，大致有以下几种表现。

表现一：孩子跟家长说不到一块儿，谈不了几句就开始厌烦；

表现二：孩子根本不想与父母交流，在家基本保持沉默；

表现三：孩子说的话父母不理解，于是孩子渐渐就懒得说了；

表现四：孩子想把心里话和父母说，但不懂得如何交流。

作为父母，我们要时刻观察孩子的一举一动。一旦孩子出现以上症状，要立刻提起重视，并积极采取措施解决，尽快帮助孩子走出闭塞的状态。那么，我们到底应该怎么做，才能让亲子沟通更顺畅呢？以下几点策略可供参考——

1.孩子烦，家长不能烦

相信不少父母都有同感——孩子越大，脾气越古怪，自己想坐下来和他谈谈心，可他却表现得很烦躁，往往谈不了几句就崩了，最后闹个不欢而散。要知道，孩子表现烦躁，是因为他不知道如何表达内心的想法。这个时候，面对孩子的烦恼，我们要有加倍的耐心。孩子烦，我们不能烦。给孩子充足时间，让他们做好心理准备，而我们则耐心聆听，这样孩子就会把情感倾泻出来。

2.孩子有想法，家长要鼓励说出来

孩子在学校遇到事情，心里有了想法，他们也有沟通的欲望，但却不知该不该和父母说，这样忍来忍去，最后干脆闷在心里。遇到这种情况，我们要多给孩子鼓励，一个期待的眼神，一句温柔的话，都让孩子感到信任和安全。鼓励和暗示具有非凡的魔力，会让孩子把心里话一股脑倾吐出来。

3.孩子不想说的事，家长要想办法"套出来"

有些时候，孩子做了"亏心事"，担心父母的批评和责罚，就会藏在心里不肯说出来。如果你看到孩子有心事，决不能坐视不管，尽量引导他说出来。你可以旁敲侧击，一定要让孩子感觉到——很多事跟父母说一说，比闷在心里畅快得多。如果有些事孩子实在不想说，家长也不要刻意强求。

4.不要打断孩子，让他说下去

为什么孩子说着说着不肯说了？这是因为父母没有耐心。比如，孩子正说到兴头上，父母认为这是无稽之谈，粗暴地打断了他："你懂什么？快别胡说了！"或者是，"行啦行啦，就你知道得多！"听到这样的评价，孩子心里会怎么想？一旦他们的热情在父母那里碰到钉子，倾诉欲就会戛然而止。所以，当孩子口若悬河的时候，千万不要打断他，让他说下去，然后再委婉指出他的不足。

5.尊重孩子的想法，给予理解和支持

孩子们不愿意和父母交流，有一个重要原因，那就是父母老是以大人、老资格自居，把他们看成小孩子。他们讨厌这种轻视的感觉，所以拒绝与父母交流。要想打消孩子的顾虑，就要充分尊重孩子的想法，千万不能以大压小，胁迫孩子接受自己的观点。如果孩子的想法正确，父母要在第一时间表示支持。如果他们的想法存在问题，首先要表示理解，之后才是共同分析和探讨。

 **第 2 类：在现实中表现懦弱的孩子**

提起儿子小喆，刘女士总是唉声叹气。据刘女士讲，小喆从上幼儿园起，就是受欺负的对象，现在已经上大班了，还是个受气包。最可气的是，不但本班的孩子欺负他，连小班的孩子也找他的茬。除非老师干涉，否则小喆永远抢不到玩具，滑梯和蹦蹦床也很少能轮到他玩。孩子这样熊，家长也感觉丢脸。最令刘女士担心的是，小喆马上要上小学一年级了，照这样发展下去，小喆的人生之路真是不堪设想。

令人想不到的是，就是这样一个懦弱的孩子，打起游戏来却是勇猛无比。刘女士说，小喆在她的手机上下载了好几个游戏。在游戏里扮演的都是比较厉害的角色，打起仗来十分凶猛。如果你看到小喆打游戏时候的勇猛表现，无论如何也想不到他在现实中是只大菜鸟，两者的反差简直是太大了。令刘女士感到焦虑的是，小喆玩游戏的时间越来越长了，他好像特别迷恋自己在游戏中的角色。然而，一回到现实中来，就变得垂头丧气。

小喆的情况并非个例。在我们身边,有很多痴迷游戏的孩子,而在这些孩子当中,又有相当大一部分属于性格懦弱的孩子。为什么会出现这种状况呢?

其实很简单,那些性格懦弱的孩子在生活中屡屡受挫,为了逃避现实,就把时间和精力投入游戏中,从而在游戏世界找到精神寄托。在游戏中,懦弱的孩子不但能重新找回自信,还能在瞬间体验成功的感觉。看见游戏的兴奋感,就像猫儿遇到鱼一样,让孩子心痒难耐,乐此不疲。

久而久之,孩子在现实和虚拟间穿梭,不知不觉产生身份差异和角色分裂。孩子开始讨厌现实生活中的角色,迷恋扮演游戏中的角色。这就是他们越来越迷恋游戏的真正原因。如果你想让这些孩子不再迷恋游戏,最好的方法就是帮助他们摆脱现实生活中的困境,让他们腰杆硬起来,胆子壮起来,从此不再懦弱,不再畏首畏尾。一旦他们在同伴中的威望提高,自然不会从网络中寻求安慰。

自从找到小喆迷恋游戏的真正原因后,刘女士开始努力改变自己的做法。当孩子受了委屈,她会耐心倾听孩子的申诉,然后温柔地劝解和开导。有时她会陪小喆打一会儿游戏,夸赞他在游戏中的勇猛和坚强,然后告诉孩子:"你好勇敢!"同时,刘女士还假设许多现实场景,让小喆进行判断和选择,从而让他将游戏中的勇气搬回现实中来。就这样,小喆开始变得勇敢和大胆。

现在,小喆已经顺利升入小学。令人欣慰的是,在新的环境里，小喆不再扮演受气包的角色了。他跟其他孩子一样，每天快乐去上学，而且还有一大帮朋友。与此同时，小喆也慢慢淡漠了对游戏的热情。据刘女士说，现在游戏对小喆来说，已经变得可有可无。与游戏中的虚拟角色相比，他更喜欢现实中的自我。

英国谚语说："勇士在战场上逞能，懦夫在家里逞威。"对孩子来说，现实世界才是战场，在游戏中耍威风是怯懦的表现，所以我们要引导孩子从游戏迈向现实世界。如何让懦弱的孩子摆脱游戏呢？关键就是帮助孩子在现实中树立自信。一旦孩子在现实世界拥有自信，自然无须迷恋游戏中的假象。

 **第 3 类：对亲情和友情表现冷漠的孩子**

爱玩游戏的孩子，的确令人头疼。遇到这样的孩子，相信很多家长都会抓狂，而且经常发出这样的抱怨："我们家孩子现在只迷游戏，对家人爱理不理的，真想揍他一顿……""我家孩子见了游戏像见了久违的亲人，见了我们却像见到陌生人似的，冷冰冰的，一句话也没有……""我的孩子跟家人很冷淡，在学校也没什么朋友，整天冷着脸，只有玩游戏的时候才有个笑模样……"

如今，这类"爱憎分明"的孩子越来越多了！他们对家人、同学无比冷漠，对游戏却保持着很高的热情，两者绝对是鲜明的对比。根据心理学家研究来看，越是对亲情和友情表现冷漠的孩子，对游戏的迷恋程度越高。

小薇是个游戏迷，这在女孩当中十分少见。一般来说，男孩迷恋游戏的可能性更大一些，所以小薇的表现令父母很是不解。

在生活中，小薇与其他女孩大不相同。八九岁的小女孩，大都对父母依赖性很强，很多女孩都是父母的跟屁虫，一天到晚离不开爸爸妈妈。还有些女孩，很大了还喜欢跟父母撒娇。然而，这种情形在小薇身上从来没有发生过。

小薇的爸爸妈妈都是做生意的，由于太忙，她很小的时候就交给保姆带了。爸爸经常去外地出差，一待就是很多天。妈妈虽说不常出去，但也是早出晚归，在家陪孩子的时间很少。爸妈只有小薇一个女儿，心里自然十分疼爱她，可小薇却表现得冷冰冰的。妈妈感到困惑，她说："别人家的孩子一天到晚缠大人，可我们家小薇呢，叫都叫不到身边来！"小薇对爸爸妈妈不够亲热，对亲戚朋友就更冷淡了！家里来客人，小薇连房门都不出。有一次，乡下奶奶过来住了几天，要走的时候，小薇只顾打游戏，连送都不送。还有一次，姥姥生病住院，妈妈想带小薇去医院探望，小薇却死活不愿意去，结果她还是留在家里打游戏了。妈妈感叹说："这孩子越来越没有人情味了！"

不仅在家的时候冷漠，小薇在学校表现也不好。据老师说，班里一个家庭困难的孩子重病住院，班上组织爱心捐款，别的孩子都积极奉献爱心，有的把压岁钱都拿出来了，可小薇却不同意捐钱。她居然说："他生病是他自己身体差，不关我的事。我的钱还留着买游戏点卡呢！"小薇这番言论，令老师大为吃惊。

好好的孩子怎么变成这样了？面对孩子的冷漠，许多家长感觉困惑又无奈。不少人将孩子的冷漠归咎于游戏,其实游戏只是孩子冷漠的一个症结,而不是造成他们情感冷漠的真正原因。那么,孩子冷漠背后到底是什么原因呢?

第一个原因:这类孩子在家庭中缺少乐趣。 家是什么?它是家人的避风港和情感加油站,同时还是心灵修复中心和娱乐休闲中心。如果一个孩子感到家里枯燥无味,如同一片荒漠,必然会造成内心感情的缺憾。假如情感渴求长期得不到抚慰,孩子就会把这种渴求转移到游戏中,从而弥补情感上的空缺。

第二个原因:这类孩子与家庭成员的关系比较淡漠。 俗话说:"生容易,活容易,生活不容易。"为了生活,父母每天奔波,与孩子的交流越来越少。然而,孩子不仅需要衣食无忧的生活,更需要亲情的陪伴。由于陪伴的缺失,孩子对父母开始感到陌生和疏远,与家人的关系也变得生分。无论家中出现什么情况,他都会表现出无所谓的样子,看上去极其不近人情。如果你问他们想家吗?他们告诉你不想家!甚至你让他一周不与家人相聚,他也觉得很正常。但如果你让他一天不许玩游戏,他就会感到无法忍受。在他眼里,游戏比家人更亲!

第三个原因:这类孩子与同龄人交往很少,基本没什么朋友。 英国思想家培根说:"人生最难忍受的孤独,莫过于缺少真正的友谊。"这类孩子由于人际交往能力不强,导致很难与同龄人相处,生命中缺少真正的朋友和友谊。如此一来,孩子内心的孤独和冷漠就会变本加厉,从而加重他们对游戏的渴求与依赖。

第四个原因:这类孩子缺乏好奇心,很少关心周围的人

与事。爱因斯坦说:"谁要是不再有好奇心,也不再有惊讶的感觉,谁就无异于行尸走肉,其眼睛是迷糊不清的。"这些孩子年纪轻轻就丧失了好奇心,对世界漠不关心,哪怕外边发生天大的事,照样摆出事不关己的样子。对大多孩子来说,家人离别和毕业分手会让内心无限伤感,可对那些感情冷漠的孩子来说,这些事触动不大,自己就像一个旁观者。他们觉得,与其为这些事伤怀,不如投身游戏中痛快。

真正的家园应该是什么样子呢?按照哲学家爱默生的说法:"家是父亲的王国,母亲的世界,儿童的乐园。"每个人都能在家中各得其所,都能找到自我的归宿和需要。然而,可怜天下父母心,父母在孩子身上投入越来越大,对孩子百依百顺,几乎要什么给什么,可孩子却丝毫不领情,对待游戏比对爹娘还亲。他们把孩子送进收费惊人的贵族学校,一心想让孩子享受到最优质的生活和教育。殊不知,这种一厢情愿的做法,只会把孩子推得越来越远。在物质筑起的堡垒中,孩子愈加孤独寂寞。他们开始用游戏来弥补心中的失落,又因为游戏而愈发冷落身边的一切。就这样,不知不觉形成了一个恶性循环。

要知道,家庭是孩子人生的第一课堂,父母是孩子的第一任老师,我们千万不要因为疏忽和无知而导致孩子情感世界的扭曲。己所不欲,勿施于人,人和人之间的相处时是同频共振,如果孩子得不到别人的关爱,他们自然也会用冷漠来回报他人。所以,我们如果想让孩子远离游戏,就要平时多陪陪孩子,多与孩子交交心,用温情来唤回他的爱心,用热情来改变他的冷漠。

 ## 第 4 类：个人意志压抑、人格不被尊重的孩子

假如游戏是一种魔鬼的话，那么哪种孩子最容易受到它的蛊惑，并进一步成为它的俘虏呢？答案是那些个人意志被压抑、人格不被尊重的孩子。

心理学大师弗洛伊德认为："凡是压抑的都会以更加丑陋的形式表现出来。"的确如此，种种现象表明，那些在生活中处于弱势的孩子，往往更容易沉迷网络，而那些处处受到追捧的孩子反倒对游戏看得很淡。对自控能力较差的孩子来说，个性压抑之下的"丑陋表现"就是痴迷游戏。

秦老师是初中二年级的班主任。在他的班上，玩游戏的孩子占大多数，但只有很少一部分孩子表现出对网络游戏的痴迷。这部分孩子除了课余时间泡在游戏世界，连上课时间也想着游戏，严重影响了学习。

秦老师认真分析这些游戏迷的性格特点，最后发现——这几个游戏迷，在班里属于最沉默、最不受重视的孩子。他们学习不怎么好，能力也一般，在同学中处于影

子状态，永远被掩盖在别人的光环之下。由此，秦老师认为，孩子迷恋网络游戏，与个人性格存在很大关系，那些人格不被尊重、个人意志受到压抑的孩子，更容易沉溺游戏之中。

孟冬就是这样一个不起眼的插班生，他学习一般，平时也不积极，转学好久了，老师还叫不上他的名字。有一次开班会，班里要竞选组长，孟冬恰好去厕所没回来。按理说，选班长要在全班成员全部到齐的情况下才能进行。可大家觉得，孟冬无足轻重，而且他不可能有异议的，所以不等他回来就进行选举。你看，孟冬连分内的投票权都被剥夺了！

类似事情经常发生，不但老师无视孟冬的存在，连同学们也不把他当回事。渐渐地，孟冬的心理起了变化，内心生出一种压抑和愤慨，但又不知该如何排解。后来他开始刻意回避与同学的交往，转而从游戏中寻觅乐趣了。

人非草木，孰能无情？孩子更是情绪化的代名词，任何一丝风吹草动都能在孩子的心里泛起涟漪。所以，当孩子个人意志被压抑、人格不受尊重时，他的内心就会积攒一定的情绪，从而导致这样那样的心理问题。如果孩子的这些心理情绪没有得到及时疏导，就会通过其他出口发泄出来。在网络极度发达的今天，游戏就成了这类孩子的第一选择。

面对孩子对游戏的痴迷，父母又是怎么做的呢？现实很糟糕，大多父母只会对孩子谩骂、训斥，却从不分析背后的原因。如果你家孩子学习优秀、处处受到同学欢迎和老师的称赞，那么你家孩子已经有了精神寄托，无须你过多担心。但如果你家孩子属于个性压抑、经常被老师批评，属于同学嘲笑的那种，那你可就要多加警惕了！因为对这样一个孩子，投身于游戏的怀抱是一种挡不住的诱惑，他们最渴望在游戏中寻找自我和证明自己。

正所谓最了解孩子的莫非父母，如果你发现自家孩子正是这种类型，那么应该怎么做呢？你要改变之前粗暴的态度，不要再对孩子横加指责，而是要帮助孩子认清自己、释放自己。一旦他的心结打开，游戏上瘾问题也就迎刃而解了。

具体来说，有以下几点建议可供广大父母参考和借鉴——

1.不要过多否定孩子，多给孩子一点信心

为什么孩子个性压抑、不自信？大都因为考试不好或者做错事受到父母的责备。每当遇到这种情况，很多父母上来就是劈头盖脸训斥："你怎么搞的？！"甚至将问题扩大化，认为孩子什么都不行，长此以往孩子就会精神压抑。作为父母，一定要克制自己，尽量用心平气和的口吻沟通："你这次是怎么回事呢？"等到孩子卸去心理负担，你再用充满期待的语气询问他："下次是不是能做得好一点呢？我觉得你一定能行！"这样一来，孩子就会减少压抑，从而一步步恢复自信。父母一定要认识到，每个孩子都不一样，不要一味攀比和苛求，充分从精神上给孩子鼓励，让孩子从自卑中走出来，从根源上铲除游戏上瘾的土壤。

2.信口开河也是一种释放，让孩子自由说下去

不知你是否认真听过孩子说话？孩子喜欢信口开河、胡言乱语，于是有些父母就听不惯，总会粗暴地中途打断，这种做法对孩子内心的伤害是很大的。如果你想让孩子自然成长，让孩子的精神压力缓解，就要给他自由表达的机会。如果孩子被剥夺了说话的权利，内心必定万分压抑，久而久之就会变成可怕的沉默。所以，当孩子信口开河的时候，请允许他把话说完。要知道，在这些信口开河的语言背后，往往藏着一个孩子真实的心声。如果孩子能在现实生活中自由地表达自我，那么就必定对游戏产生抗体和免疫。

3.尊重孩子的选择，"自作自受"也是一种体验

刚满周岁的孩子，就想摆脱大人蹒跚学步，大一点的孩子更是想拥有更多的自主选择。然而，父母往往不给孩子选择的机会，不相信他们的判断，对他们提出的建议也充耳不闻，于是孩子就会感觉自己被轻视和忽视。要知道，孩子有自己的判断和标准，或许会存在判断失误，但我们还是要尽可能让他有自己选择的机会，哪怕选择的结果是错误的，那么他将品尝到"自作自受"的苦果。不过，对孩子人生的成长来说，自作自受是一种刻骨铭心的体验，将告诉他更多的道理，他将从中学到更多的经验和教训。通过满足自由意志，游戏对孩子的吸引力和诱惑力渐渐就没有那么大了。从此父母无须耳提面命，孩子自己即可控制游戏。

 ## 第5类：不积极、不主动，害怕被拒绝的孩子

　　一家幼儿园里，到了上手工课的时候了，老师拿出一大筐彩纸，大声问："哪位小朋友需要彩纸呀？"听到老师询问，孩子们争相举手，有的孩子还跑到老师那里，亲自动手挑选自己喜欢的颜色。可是，一个叫丁丁的小朋友却怯怯地坐在角落里，没有任何举动，直到大家都开始动手做了，老师才发现，丁丁还是两手空空。

　　为什么丁丁不敢跟老师要彩纸呢？因为他害怕老师拒绝。一个班里有几十个孩子，老师不可能面面俱到，很多机会都是要靠孩子自己争取的。这次在彩纸充足的前提下，老师帮助丁丁搞到了彩纸，假如当时的彩纸不够，那么即使老师发现丁丁没有彩纸，她也是爱莫能助了。要知道，有人的地方就会有竞争，孩子们的世界也不例外。所以说，由于性格原因，这个类型的孩子在生活中会很吃亏。

　　三岁看大，七岁看老，孩子这样的性格预示着未来的命

运。令人忧心的是，如此胆怯的孩子还有很多。不止幼儿园里存在这种情况，即使在小学生和中学生中，类似情况也经常上演。这类孩子有个共同特点——总是低估自己的能力，在内心里习惯把自己排在末位。

这类孩子不积极、不主动，消极被动，不敢主动要求什么东西，因为担心别人拒绝。电影《东邪西毒》中有一句台词："从小我就懂得保护自己，我知道要想不被人拒绝，最好的办法就是先拒绝别人。"在现实生活中，害怕被拒绝的孩子，他们所采取的最好办法是躲到游戏里。然而，他们的内心是充满矛盾的，一方面渴望别人认可和帮助，一方面又畏惧别人的嘲笑和拒绝，于是就干脆一头扎入游戏的汪洋大海之中。游戏成了他们的一座城堡，让自己逃避现实的一切压力。在游戏世界里，他们犹如鱼儿一样自由自在，无须看别人的脸色，只要自己手眼够灵活，就可以大获全胜。

在这个世界上，我们每天都可能被人拒绝，被拒绝是一种常态，如果因为畏惧拒绝而消极懈怠，那么一生就别想有什么大的进步了。心理学家将这种害怕被拒绝的心理现象称之为"拒绝敏感症"。很多人都是"拒绝敏感症"患者，不仅是孩子，成人也不例外。

曾经有一个叫蒋甲的美籍华人，他在上小学时就患有严重的"拒绝敏感症"，当时班级举办一个叫"夸奖领礼物"的活动，只要能够获得同学的夸奖，就能领到礼物，很快全班同学差不多都得到了夸奖，也领到了礼物，只剩下三名同学，其中一名就是蒋甲。之后，他觉得自己特别糟糕，从此更加害怕别人拒绝自己。大学毕业以后，他应聘工作，再一次被拒绝了。他感到非常痛苦。在痛苦之中他想到，必须改变自己这种状态。

经过一段时间的查阅和总结，他终于找到一种"被拒绝100天"的心理疗法。这一疗法是加拿大心理学家杰森·康利的研究成果。方法很简单，你主动走出去请人帮助，比如跟人要100美元等，让自己遭受一次次被拒绝的滋味。被拒绝的次数多了，你的内心就会强大起来，从此再也不担心和害怕被拒绝了。

孩子也是如此，我们要想让孩子摆脱"拒绝敏感症"，也要采取一系列的手段。除了上面我们提到的"被拒绝100天"疗法之外，我们还可以采取下面一些策略，帮助孩子早日摆脱游戏，回归正常的学习和生活。

策略一：引导孩子对自己多一点宽容

法国谚语说："理解即宽恕。"作为父母一定要引导孩子认清自我，理解自己内心真实的需求，而不是让"拒绝敏感症"紧紧攫住自己的心，让自己蜷缩成一团。只要孩子理解了自己，就会宽恕自己，从而就会把被拒绝不当一回事儿了。

策略二：主动询问孩子有什么要求，而不是等他们自己开口

对于被动的孩子，我们有时候要特别对待。如果你发现他有求助的欲望，要主动上前询问，不要让孩子过于为难。不过，这种办法只能作为暂时的过渡，真正有效的还是激发孩子自己的主动性和积极性。如何激发呢？只要孩子主动做了某事，

父母可以提供一些承诺和奖励，这样一来，孩子或许就会像变个人一样。

策略三：不得不拒绝孩子时，口气尽量要婉转

当孩子的要求不合理，父母不得不拒绝时，要注意说话的方式，口气一定要温和，不要粗暴蛮横，不要让孩子因畏惧拒绝而不敢说出真实的需求。

策略四：让孩子看看现实世界的竞争，让他知道碰钉子是常见的事

这个世界，每天都在上演激烈的竞争。为了增强孩子的心理承受力，我们不妨把自己以往屡遭拒绝的"丑事"说给他听，让孩子知道碰钉子是件再平常不过的事，如果害怕拒绝而每天躲在游戏世界里是没出息的行为。

策略五：教孩子脸皮厚一些，内心钝感一些

一个脸皮厚的孩子，往往能够赢得更多。成功属于屡败屡战的人，而不是那些逃避的软弱者。我们一定要让孩子认识到："一次不行，大不了下一次从头再来！"内心钝感而强大，可以承受一切的压力和疼痛，绝不是敏感得一碰就受不了，甚至躲到游戏里寻求精神安慰。通过这种方式，我们或许可以引导孩子从游戏的迷宫里走出来。

 **第 6 类：性格孤僻、自我封闭的孩子**

为什么孩子对游戏如此沉迷，纵使打着骂着还要偷着玩？事实上，孩子沉迷游戏，一方面是大环境影响，还有一方面是性格原因。许多人认为，是网络游戏让孩子的性格变得越来越孤僻。但事实表明，很多孩子正是因为性格孤僻才迷上玩游戏。面对游戏诱惑，性格孤僻孩子的抵御力要远远低于其他孩子。

让我们从一则故事开始吧——1938 年，一个名叫凯纳的美国精神科医生发现他的病人——一名 5 岁小男孩，智力超群，记忆力惊人，能够背诵《圣经》23 节以及历届美国政府总统的名字。然而，就是这样一个孩子，与人沟通交流却出现障碍，而且特别痴迷旋转木棍、平底锅等物体。他用这些物品做着各种游戏，沉迷其中不可自拔。后来，凯纳又继续研究了十几例类似的孩子，并于 1943 年发表了自己的研究成果。关于这些孩子的症状，后来医学界称为儿童孤独症、自闭症，因为是凯纳医生最早发现，因此又被称为凯纳综合征。

关于孤独症，我曾在网上读过一个十几岁少年的日志文章。这个网名叫作卡加的孩子，是一个典型的游戏迷。因为迷恋游戏，他与父母的关系搞得很僵。据说，他经常几个星期不与父母交流，在家里基本上处于哑巴状态。你也许会对此感到惊讶和不解，也许会指责这个孩子的冷漠和固执，但阅读过卡加的日志之后，我却看到了他内心的孤独与苦闷。

根据卡加描述，他的父母工作很忙，经常出差，他从小是跟奶奶一起长大的。奶奶是一个聋哑人，只能照顾卡加的衣食住行，却无法跟孩子进行沟通和交流。可以说，卡加的童年是在极度孤独中度过的。爸爸妈妈回到家里总是很疲惫，孩子缠上来的时候，他们总是不耐烦地推开他，说："自己去玩！"这种做法越发加深了孩子的孤独。卡加说，他感觉闷的时候，就把妈妈的文件撕了，叠成纸飞机，然后从窗口里投出去。妈妈回到家责骂他，他感到很委屈，因为叠纸飞机是他自娱自乐的方式。

其实，卡加的孤僻症在幼儿园时就露出了苗头。他经常一个人玩儿，讨厌和别的小朋友在一起，也害怕老师。上课的时候坐在角落里，不提问，不举手，只会在书上乱画。这个情形一直持续到上小学之后，他不愿意交朋友，不想让别人知道自己的想法，也不想知道别人的想法。直到后来，他接触到了网络游戏，从此就像找到了知音，一刻也离不开了。

"今天妈妈又生气了，她回来的时候，看到了我在玩游戏。妈妈生气的方式很特别，她总是用沉默来表达她对我的愤怒，她想用冷漠和不理会来惩罚我。这有什么？我早已经习惯了！"这是卡加日志中一个片段，由此我们可以看出，卡加与父母之间已经是近乎敌对的关系了。卡加荒废学业，沉迷游戏之中，这种做法当然是不对的。但卡加父母的做法，也存在很大问题。那么，对待那些沉迷游戏中的性格孤僻的孩子，我们应该怎么做呢？

1.做孩子生活中的聊友

作为父母，一定要在第一时间知道孩子今天做了些什么，遇到了些什么，内心的想法和情绪是什么。如果想掌握孩子的第一手资料，最好的方式就是同他聊天。每天放学后，有事儿没事儿跟孩子搭讪一会儿，问问他学校里的情况，聊聊他与同学之间的趣事，就这样让他打开话匣子⋯⋯你和孩子聊得越勤，了解得就越多，聊得越多，孩子就越乐意跟你说。随着沟通和交流，孩子将走出孤独的个人世界，性格也将变得越来越乐观开朗。

2.做孩子的知心朋友

英国作家奥利维娅·莱恩在《孤独的城市》中说："无论身处何地，你都会感到孤单。"由此可见，孤独是现代人不可避免的。生活在都市中的孩子更是如此，他们喜欢将孤独的心事藏在肚子里，久而久之，郁积成疾。他们需要一个知心的朋友，这样他们可以将心事放心地倾囊而出。只是知心朋友难找，孩子就会一步步走向孤独、自闭。这个时候，父母可以放下架子，赢得他们的信任，做孩子的知心朋友。和谐健康的家庭氛围，将不会让他们轻易对游戏沉迷。

3.给孩子更多精神上的快乐

孩子的内心就像一片田地，如果不想让它长满杂草，最好的办法是什么？正如有经验的农夫所说："想清除杂草，最好的办法就是在这个地方种上庄稼。"如果不想让孩子迷上玩游戏，你就要多陪孩子娱乐玩耍，多给予他精神上的欢乐，让他不再孤僻和自闭，这样孩子自然就会远离游戏，感受每天生活的美好。

 **第 7 类：缺乏学习与生活目标的孩子**

我曾经问一位旅行家："你在旅行中，最害怕的是什么？"他告诉我说："旅途中的人最害怕迷失方向。"在茫茫沙漠中行走的人，骄阳似火能够忍耐，食物和水的短缺也可以克服，但是，一旦迷失方向，处境就会变得十分危险。海市蜃楼往往出现在这个时候，它向人们展现无限美好的景象，然后诱惑他们上路，最终让他们困死在无边无际的沙海之中。

人们在沙漠迷失方向以后，内心会变得极度迷茫，各种幻觉就会乘虚而入，让处于绝地的人误入歧途。类似事情还有很多，比如洪水总是在堤坝最薄弱的地方决口，身体虚弱的人更容易遭受病毒的袭击等。这种现象在孩子成长中也有所体现，面对网络游戏，那些缺乏学习与生活目标的孩子更容易上瘾。

刘先生的儿子小霖，今年上小学五年级，其他孩子都加紧学习，提高自己，而小霖却一脸无所谓的样子。爸爸批评他缺乏理想，他却说："你急什么呀？反正现在是九年义务制教育了,我就是考个零分,照样有学校上。我要是失学了,人家还要追究教育局的责任呢!"一句话说得爸爸是又气又急。

小霖在学习上没有目标,生活上也是懒懒散散地混日子,做什么事都打不起精神。与此形成鲜明对比的是,小霖对网络游戏却一见钟情,一度到了痴迷的状态,连上课的时候脑子里都在想游戏里的事。有一次,老师提问:"詹天佑发明了什么?"小霖张口就来:"魂斗罗无敌版!"如今,刘先生提起儿子来,总是唉声又叹气:"这个孩子对游戏着了魔了,现在没救了!"

俄国作家车尔尼雪夫斯基说:"没有目标,哪来的劲头?"孩子们如果缺乏正确的学习目标,每天的生活就会浑浑噩噩,没有一点精神,如同一只迷途的羔羊,找不到前进的方向。小羊找不到青翠的草地,于是只好奔向野兽出没的幽谷。如果孩子有了坚定的目标,必然是不太容易受到诱惑的。即使偶尔玩游戏,他们也顶多把游戏当作茶余饭后的消遣,而不会把游戏当成人生头等要事。

要知道,青少年的心理处于一种未成熟状态,这个阶段的孩子,像是盛夏时期的谷穗,想要更快地成熟、更早地收获,就必须时刻盯紧太阳的方向,努力吸收阳光、汲取营养,这样才能长得更加饱满。那些不懂得晒太阳的谷穗,很容易发生霉病,最后变成秕谷,或者颗粒无收。对于青少年而言,缺乏学习和生活目标,就好比轮船失去航向,后果是相当严重的。很多孩子在学校里浑天熬晌，放学后四处闲逛，这类失去人生目标的孩子，很多成为沉迷网吧的网虫。

相信任何一个家长，都不希望自家孩子沦为游戏的猎物，而要想根治这一问题，就要让孩子从无所事事的状态走出来，帮助孩子树立人生目标，帮他找到前行的方向。给孩子罗盘和指针，他就会一步步朝着太阳走。

那么，作为父母，应该如何帮孩子建立宏大的人生理想和奋斗目标呢？具体来说，有以下几个步骤可供参考——

第一步：问问孩子，长大以后想当什么？

世界上存在很多职业，每个职业都有存在的理由，而每个孩子也都有自己向往的职业，航天员、画家、医生……只要大方向不错，我们就要给予孩子足够的肯定。"你想当航天员吗？那太好了！爸爸小时候，可没有这么远大的理想……"鼓励孩子，帮助他们树立自己的人生理想，这是影响他们未来人生的第一步。

第二步：问问孩子，为什么想成为那样的人？

当孩子知道自己想做什么之后，再与孩子深入地谈论理想，可以帮助他们更深刻地了解理想的含义，以及理想对于人生的意义。"你喜欢当医生吗？为什么呀？"如果孩子谈到当医生可以帮助人们治病，我们一定要当面夸夸他，称赞他有爱心，懂得替别人着想。这一步的谈论只有一个目的，那就是让孩子为自己的理想感到自豪和骄傲。

第三步：问问孩子，怎样才能实现自己的理想？

对孩子来说，只有做梦是远远不够的，实现理想的路还很漫长。"要怎样才能成为一个科学家呢？"这个问题的现实性非常强，它可以让孩子们明白，为了实现长大后的理想，我们现在就要开始努力奋斗，否则理想只能沦为泡影。

第四步：帮孩子完成从理想到现实的转换。

"你想成为一名科学家吗？那可要学好数学哦！"然后，你可以向孩子娓娓道来，数学的基础不好，很多科学知识也就学不好，学不好科学知识，怎么去做科学家呢？总之，要让孩子知道，想要成为理想中的人，就需要从现在开始，做一名优秀的学生，而不是在游戏中蹉跎岁月。

第五步：帮孩子将目标分解，具体到当前的学习任务上来。

托尔斯泰说："一个人要有生活目标，一辈子的目标，一段时期的目标，一个阶段的目标，一年的目标，一个月的目标，一个星期的目标，一天的目标，一个小时的目标，一分钟的目标。"在这段话中，目标一步步分解，直到可以执行。一旦孩子立志好好学习，我们一定要趁热打铁，帮助孩子制定具体学习计划，最好是详细到"日计划"，让孩子每天过得充实，让游戏不再成为他们的精神寄托。

第三章

解铃还须系铃人
——孩子痴迷玩游戏，父母要从自身查原因

俗话说："解铃还须系铃人。"如果家长每天抱着电脑/手机疯狂玩游戏，就不要抱怨孩子总是玩游戏。对孩子来说，模仿家长是最自然的行为。如果家长忽视冷落孩子内心的需要，缺少对孩子的关心和兴趣的培养，就不要抱怨孩子对游戏比对自己还亲，正所谓"种瓜得瓜，种豆得豆"。

 ## 过分的放纵和过分的限制

你知道世界上最糟心的事情是什么吗？

莫过于忙碌一天下班回到家，却看到孩子抱着手机或电脑疯狂玩游戏，此情此景父母想打死孩子的心都有。每当这个时候，父母都会陷入愤怒的情绪。愤怒之后，不少父母会产生一种"迁怒"心理，认为是社会环境害了孩子，或是学校管理不善把孩子引入歧途。他们是否想过自己也存在很大问题呢？

中华传统经典《三字经》中说："养不教，父之过。"意思就是说，生养孩子不严格教育，这是做父母的过错。父母是孩子的第一责任人，如果孩子出了问题，父母当然不能置身事外。据一项家庭调查显示，在1000名网瘾学生中，有90%是因为家庭管理环节出现问题，导致孩子上网成瘾，只有10%的孩子是其他原因所致。由此可见，家庭教育才是孩子游戏成瘾的最大温床。

关于孩子玩游戏的问题，广大父母始终没有统一方案。不少父母观点相反，甚至针锋相对，目前来看，中国父母存在截然不同的两派，形成一松一紧两种教育方式。第一派父母：对

孩子过分溺爱，看到孩子上网，舍不得多说多管，不闻不问、听之任之；第二派父母：对孩子过分苛刻，一见到孩子上网就发脾气，严加管束、限制自由……殊不知，过分放纵和过分限制，都会导致孩子思想上的偏差和行为上的偏离。一旦家庭教育走向极端，孩子就会成为最直接的受害者。

  严冰和孟杰是同一所中学的学生，由于他们逃课上网，屡禁不止，两个人都被叫了家长。教导处的吴主任分别和两个孩子的家长谈了话，他惊讶地发现，这两个孩子所受的家庭教育是截然不同的，可却导致了同样的结果。

  严冰看上去是个文静的孩子，他所受到的家教是很严格的。严冰的父亲除了关心他的学习之外，还严格掌控着他的一切课外活动。父亲对严冰生活的安排，具体到了每分钟要做什么。父亲把自己的教育方式称为"一揽子计划"，意思是指，儿子的一举一动，都要处在自己的掌控之下。现在，严冰已经十六岁了，还生活在父亲的"一揽子计划"当中，这让他感觉十分郁闷。

  父亲规定，严冰不许碰家里的电脑，如果要查资料的话，需要由父亲来代为操作。因为这个原因，严冰几乎没有接触网络的机会，他的计算机技能也相对很差。严冰的同学经常会谈起网络游戏，而严冰对电脑一窍不通，这让他感觉很难为情。看到同学们相对自由的生活，严冰对父亲的教育方式越来越不满，对抗情绪也越来越大。后来，他暗暗和父亲较上了劲儿，开始背着家里人偷偷上网，如果时间允许，他还会偷偷玩一会儿游戏。有一次，严冰和一位同学谈起了自己的游戏心得，却遭到了这位同学的嘲笑，他认为严冰的游戏资历太浅了，至今还是个门外汉。这让严冰的自尊心受到了严重打击，他暗暗发誓要追上他们。由于家里管得太严，他便开始涉足网吧，慢慢发展到了旷课、逃学，成了一名十足的网瘾少年。

孟杰的家庭情况和严冰截然相反。孟杰生活在一个溺爱的家庭里，爸爸妈妈和爷爷奶奶，四个人围着他一个人转。爸爸对孟杰上网的事儿很少过问，妈妈更是由着他的性子来，孟杰好像是生活在一种"无政府"的状态下，想什么时间上网都可以，想玩多久也没有人来干涉。就这样，孟杰在游戏里陷得越来越深，在家里玩游戏还不够，又发展到逃课上网玩游戏，甚至在网吧里彻夜不归……

你看，严冰和孟杰所受的家庭教育，可以说是冰火两重天。在孩子上网的问题上，双方的家长分别走了两个极端，严冰的爸爸对孩子束缚过紧，过分限制孩子的自由，最终导致孩子"崩套"，不但不服管束，还挣断了缰绳，变成一匹疯狂的小野马。孟杰的父母，对孩子完全实施"散养"，从来舍不得给孩子捆缰绳、戴嚼子，结果孩子放纵惯了，当然也就不服管教了，最终也变成了野马。这就告诉我们，过分放纵和过分限制都不可取。

关于这个问题，古人早就有了智慧的论断。儒家经典《中庸》中说："中也者，天下之大本也。和也者，天下之达道也。"不偏不倚的中庸之道，以及畅通和谐的节奏，才是天下万物的根本。偏离了中和的标准，一切都将走向反面。《礼记·杂记》中说："张而不弛，文武弗能也；弛而不张，文武弗为也。一张一弛，文武之道也。"这里的文、武是指周文王和周武王，意思是过于紧张和过于松弛都不是正确的方法，文王和武王都不会那样去做。唯有宽严相济、张弛有道，才是文王和武王治理国家的指导思想。毛泽东主席特别推崇文武治国之道，他曾在一次会议讲话中说："古人说，'文武之道，一张一弛。'现在'弛'一下，同志们会清醒起来。"治国与治家是相通的，我们家长又是怎么做的呢？要知道，过分放纵和过分限制都是违背古人之道和伟人教诲的。作为父母，我们一定要有所警醒。

明白这个道理以后，我们的家庭教育绝对不可以再走极端了！对待孩子玩游戏的问题，父母们一定要拿出一套合理适中的方案，让孩子在遵守规则的同时，又能享受到一定的自由，真正做到"文武之道，一张一弛"，这样或许能达到一种孩子满意、家长放心的局面。

那么，我们具体应该怎么做呢？有下面几点建议可供参考——

1. 对孩子的要求，不能过松或过紧

为什么孩子会努力学习？很多时候是源于家长的期待。家长的要求，会让孩子产生压力和动力。过松会导致孩子信马由

缰，过紧又容易激发孩子的逆反情绪，两者都是不可取的。要想让孩子走得中正，首先要舍弃这些极端的方法，对孩子的期望和要求要松紧适度，让孩子在稳定的状态下去学习和成长。

2. 对孩子的管理，不可忽松忽紧

很多父母管孩子时，经常随着性子来，紧上来一阵子，这也不许，那也不行；没过几天，管理上又松弛下来，对孩子睁只眼闭只眼，或者干脆不闻不问。这样忽松忽紧、起伏不定的管理状态，会使孩子产生钻空子的思想，既不利于学习习惯的养成，也不利人格的成长。

3. 父母步调一致，不要一松一紧

有些父母在管理上没有协调好，爸爸和妈妈对孩子态度不一，搞成了一收一放，一紧一松，导致孩子行为错乱，无所适从。在孩子玩游戏这个问题上，父母之间要统一思想，步调保持一致，共同引导孩子科学上网、理性上网。

 ## 只重视学习成绩,忽略孩子的特长培养

"孩子沉迷网络,无心学习,怎么办?""孩子一心想着游戏,对学习没有兴趣,怎么办?""孩子在学习上不思进取,在游戏上却力争第一,怎么办?"如今,许许多多的家长正在被这些问题困扰着,他们不理解,为什么自己费尽了心思,孩子却不听教诲?为什么自己用尽了方法,孩子却很难改变现状……

当孩子出现以上这些问题,我们不能单方面苛责孩子,而是要从自身寻找原因。孩子之所以会沉迷游戏,和我们不无关系。我们做父母的,一定要沉下心来,细细梳理,静静反思。这才是解决问题的真正态度。

问题到底出在哪里呢?在目前的高考制度下,许多父母唯分数论,片面要求孩子的高分数,却忽视了孩子兴趣和特长的培养。在他们眼里,兴趣和特长一文不值,唯有孩子的学习成绩才决胜未来。这样的教育方式,其实是十分错误的。

一般来说,过于重视学习而忽视特长培养,会导致以下后果:

1. 压力过大，导致孩子投身网络游戏

过于看重成绩而忽略孩子的特长培养，等于压制了孩子自我表现的欲望，这样做的后果，一是会导致孩子自卑心理的产生，二是会激发孩子的叛逆心理。这两种心理状态，都有可能导致孩子沉迷网络。比如，自卑的孩子会去网络游戏中寻找自信，而对父母不满的孩子，则会通过网络游戏来发泄心中的愤懑。

2. 高分低能，导致孩子丧失生存技能

大家都知道，如今社会竞争越来越激烈，人们的生存压力越来越大，如果我们此刻不注意孩子的特长培养，孩子很快就会"泯然众人矣"。等未来到了社会上，大家比拼的不再是分数，而是你身上最突出的长处，你最擅长的能力。这些原本无用的东西，可能让你成为人群中的佼佼者。若干年后，那些对工作缺乏兴趣、专业上又没有特长的孩子，将悲哀地沦为平庸者。一个平庸的人，注定了被时代淹没，很难有一个好的出路。你想让自家孩子一生平庸吗？如果不想，那就有必要反思和改变一下自己的做法是否需要调整。

3. 兴趣剥夺，等于剥夺孩子的动力和快乐

一个人要想做好一件事，兴趣至关重要。如果父母无视孩子的兴趣，甚至剥夺孩子的兴趣，那就等于赶鸭子上架，不但你费力，还会给孩子造成许多的痛苦。反之，如果我们能及时发现孩子的兴趣，努力培养孩子的特长，等于给孩子的人生机车添加了助燃剂，必定会推动他朝着更远更美好的地方进发。此外，孩子拥有自己的兴趣和爱好，就好像有了一个精神家

园，在未来日子里总能乐在其中。

任寰是一名初中生，父母对他寄予很大的希望，从小学开始，就要求他稳坐"前三甲"。每次考试回来，父母先问成绩，考得好了，好吃好喝还有奖励；考得不好，晚饭也别想吃，还得罚做卷子。一直以来，任寰都对考试抱着一种恐惧心理，认为学习是件苦差事，既没有学习的兴趣，也没有学习的动力。他觉得，作业是为爸爸妈妈写的，考试是为爸爸妈妈考的，学习好坏或者分数高低，都不关己事。

虽然任寰在学习上处于被动状态，但由于他天资聪颖，所以成绩不错，在班里一直保持前几名位置。可是，爸爸妈妈对他的成绩总不满意，不断给他加压，除了学校的作业之外，爸爸还安排他每天做两套卷子，这使得任寰苦不堪言。

其实，任寰有自己的爱好，那就是篆刻。小时候，爷爷曾送给任寰一枚精致的印章，这让任寰欣喜若狂。他很小的时候，就试着用萝卜来刻印章，后来又改用橡皮和硬塑料。爸爸妈妈早就发现了任寰的这个爱好，可他们认为，鼓捣这些玩意儿，以后不会有大出息，所以一直不支持任寰。

任寰小的时候，常常拿着萝卜刻字，妈妈看到了，会把他的小刀没收掉，把萝卜换成一本辅导书。有一次，爸爸从任寰的抽屉里翻出几枚橡皮印章，就大发雷霆，把印章全都扔到了窗外。这些事对任寰打击非常大,为了发泄心中郁闷,他开始跟着别人上网打游戏。后来渐渐无法克制自己,学习成绩一落千丈。

任寰的经历,是一个比较典型的案例。他的父母过分注重学习成绩,给任寰造成了极大的心理压力,使孩子产生了严重的厌学情绪,这是导致任寰游戏成瘾的主要原因。另外,任寰的父母发现孩子的兴趣以后,不但没有支持和培养,反而处处反对和打压,这又造成任寰的逆反心理,最终靠游戏来宣泄心中的不满,陷入其中不能自拔。可以说,这个结果的出现,任寰的父母有着不可推卸的责任。

对一个正在成长发育的孩子来说,最需要的是身心的全面发展,很多家长把成绩作为评定孩子优劣的唯一标准,以分数论英雄,这种做法很片面,也很偏颇。常言说:"拥有一技,走遍东西。"想要让孩子在这个社会上立足,必须要培养他的一技之长,让孩子把自身的优点发挥到极致,这才是学到了真本事。

关于一技之长,现代文学家老舍在《四世同堂》中写道:"只要你有一技之长,会办报,会演戏,会唱歌,会画图,或者甚至于会说相声,都可以作为进身的资格。"孩子有了一技之长,就等于多了一件趁手的兵器,将来行走社会,就会比同类人多一份竞争力。这项原本不起眼的兴趣和特长,将来或许会成为孩子进身的最大资本。世界广阔,社会复杂,一切皆有可能!

 ## 对孩子缺乏关爱，孩子感觉孤独与寂寞

在这个世界上，有些孩子性格阳光、开朗、自信，老师、父母和同学们都很喜欢他们；而另外一些孩子则是"问题儿童"，他们不爱学习，与同学经常发生矛盾，家庭关系、同伴关系对他们来说都是一种压力，因此他们备受煎熬。为什么人与人之间的区别如此之大？难道这些孩子天生就问题多多吗？答案是否定的，一切的根源就在于缺乏关爱。

关于爱，古往今来的哲人都不吝赞美之词。法国著名文学家罗曼·罗兰说："爱是生命的火焰，没有它，一切变成黑夜。"英国诗人勃朗宁说："地球无爱则犹如坟墓。"印度诗人泰戈尔说："爱是充实了的生命，正如盛满了酒的酒杯。"诸如此类的句子，告诉我们爱对于生命的重要。

如果孩子缺爱会怎么样呢？他们就会陷入孤独和寂寞的荒野，在这种情况下，他们会在错误的地方去寻求错误的精神安慰，比如沉迷游戏不可自拔。如此沉迷，只为了品尝一丁点虚拟的慰藉。究其原因，只是可悲罢了。

可悲的不是孩子，而是父母。父母的冷落和忽视，把孩子

从家的温暖推向游戏的深渊。要知道，孩子内心布满敏感的触角，他们渴望受到家人的注意和重视，期盼得到家人的理解和关怀。如果这种情感渴求得不到满足，孩子就会产生强烈的孤独感。当一个孩子感到孤独寂寞的时候，是他最脆弱、最危险的时候。在童话故事中，魔鬼和妖怪常常会在这个时刻出现，诱哄孩子们上当受骗。现实社会中没有虚幻的妖魔，但是却有虚幻的网络游戏，当孩子感觉孤独寂寞的时候，它就会乘虚而入，一举将孩子们俘获。那些在家里得不到关爱的孩子，只能够通过游戏来排解心中的苦闷。玩游戏，渐渐成为他们精神满足的常态。

根据现实情况分析，一般来说，沉迷游戏的缺爱孩子有如下几种：

1. 空巢家庭的孩子

芸芸的父母亲出国一年了，芸芸一直和姥姥、姥爷生活在一起。两位老人家年岁大了，身体也不太好，没有太多的精力去照顾芸芸，他们只能够保证小芸吃好喝好，却无法顾及芸芸的内心生活。所以在这一年中，芸芸感觉非常孤独。

芸芸觉得，在学校里的时候还好，有同学们说说笑笑的，一天很快就过去了。芸芸最怕的是晚上回家，每天吃完晚饭，姥姥姥爷早早就睡下了，芸芸写完作业后，就开始无所事事。睡觉前的这段时间，是她最难熬的时候，慢慢地，芸芸养成了在夜里玩游戏的习惯。只有打开游戏，沉浸到游戏中，她才能摆脱那种可怕的空虚。由于缺乏家人的管束，芸芸玩游戏的时间越来越长，严重影响了正常的学习和休息。

2. 单亲家庭的孩子

冯翔六岁的时候,爸爸妈妈离婚了,他跟着妈妈生活。在生活上,妈妈把冯翔照顾得无微不至,但冯翔是个男孩子,他需要一份父亲的关怀,而妈妈给不了。冯翔总觉得自己的生活缺点什么,妈妈的唠叨加深了他的失落感。为了弥补内心的欠缺,冯翔开始沉迷游戏。冯翔经常玩一些枪战游戏,与其他男性搭档一起结成攻守同盟,他觉得这种感觉非常好,比起和妈妈在一起的无聊生活,冯翔觉得游戏里更刺激,更有血性。

3. 父母过于忙碌家庭里的孩子

丁茂的父母开了一家诊所,他们整天在诊所里忙碌,没有时间管孩子,所以丁茂一直都在上寄宿制学校。周末的时候丁茂休息,可家里还是一个人都没有,丁茂转过来转过去,不知道干点什么好。从小学四年级开始,游戏就成了丁茂最主要的娱乐活动。一打起游戏来,丁茂就会忘记生活中的孤独和苦恼。上初中以后,丁茂的游戏瘾越来越大。一天晚上,丁茂边打游戏边等爸爸妈妈回家,不巧的是,诊所里接诊一个危急病号,爸爸妈妈轮流陪护,一夜未归,结果丁茂玩了一个通宵的游戏,熬得眼睛都肿了。

4. 父母不闻不问的孩子

周凤鸣从小就是个听话的孩子,父母感觉很省心,几乎不怎么管他。凤鸣上初中以后,父母觉得他长大了,就放开了手。父母这种不闻不问的态度,让凤鸣感觉很失落,他总感觉爸爸妈妈不爱自己,他羡慕别的同学能与父母亲热地聊天谈心,怨恨自己的父母太冷漠。在这种心理驱使下,凤鸣开始逐渐接近了游戏，从偶尔玩玩到不可自拔，最后发展到逃课去网吧，成了一个不折不扣的"堕落者"。

　　从以上四种类型的孩子身上，我们看到四种家庭教育方式。它们有一个共性，就是爱的缺失，这正是导致孩子游戏成瘾的主要原因。空巢家庭的孩子，由于父母长期不在身边，孩子感受不到父母的爱，最容易产生孤独感。为了摆脱孤独，他们就到游戏世界找热闹。单亲家庭的孩子，父亲或母亲给予的爱是不完整的，为了弥补残缺的感情，孩子会从游戏中寻求情感寄托。父母过于忙碌的话，没有时间与孩子沟通和交流，同样也会造成孩子情感上的无助，从而去网络上寻求安慰。有些父母虽然守在孩子身边，但在生活和情感上缺乏对孩子的关心，同样会把孩子推到游戏里去。

　　对孩子来说，父母的关爱比一切都来得更重要，母爱的贴心和父爱的关切，都是孩子最佳的精神抚慰剂。然而，许多父母认为，只需要提供吃喝，照顾好他们就够了。这显然是错误的。孩子到底需要什么样的爱呢？对此，意大利儿童教育学家蒙台梭利曾有过专门的论述，她说："爱有两个层次。我们通常所说的对孩子的爱是指照顾他们、关爱他们，这是因为儿童激起了我们的温情。精神上的关系把我们与儿童联结一起，所以我们教导他们，并将这种爱撒播到他们身上。"由此可见，我们做父母的，一定要抽出时间多陪陪孩子，找个机会跟孩子谈谈心。一旦孩子的情感世界充实了，游戏瘾自然会药到病除。

 **父母的不理解,让孩子选择破罐子破摔**

朋友家孩子凌志,今年13岁了,玩游戏很入迷。朋友说起儿子来,总是唉声叹气。在我的印象中,凌志是个很上进的孩子。记得凌志八九岁的时候,我曾经去他家做客,看到客厅里挂满了凌志的奖状,有三好学生,有优秀班干部,还有作文比赛一等奖……这些奖状占了整整一面墙,客人们看到了,都对凌志赞不绝口。那时候,凌志的父母说起儿子,脸上总是带着自豪的笑容,跟现在的愁眉苦脸形成了巨大的反差。令人不解的是,好好的一个孩子,为什么会变成了现在这个样子了呢?

据朋友说,凌志一开始对游戏并不入迷,写完作业玩一会儿,半个小时后就自动退出了。凌志升到小学六年级的时候,爸爸觉得,马上要升初中了,应该在学习上多下点功夫了,于是单方面做出了决定,把凌志每天玩游戏的半个小时改为做课外题。爸爸这个决定,引起了凌志的不满,他同意做课外题,但是提出要求,要在写完课外题之后再玩儿一会游戏。爸爸当时有点生气,他觉得凌志太贪玩儿了,已经快小学毕业了,还一心想着玩游戏的事儿。于是父子两个争执了起来。最后，凌志胳膊拧不过大腿，被迫接受了爸爸的安排。

自从取消了平时玩游戏的时间之后，凌志就天天盼着过周末。他非常珍惜周末，拿到智能手机或坐到电脑前，玩得特别开心，特别投入。看到凌志对游戏的热情不减，爸爸又开始担心了，他觉得，快要升学了，别人家的孩子肯定都在利用周末时间加紧学习，可凌志却一点儿压力也没有，到时候怎么竞争过人家呢？于是，爸爸又提出来，要凌志利用周末时间上一个奥数辅导班，再上一个英语辅导班。这下子凌志接受不了了，他据理力争，向爸爸保证自己会按时完成作业，还保证自己会认真地进行自主复习，但是拒绝去上补习班。爸爸认为，凌志是因为贪恋游戏，所以才不肯去上补习班，于是就批评他贪玩、没有志向。凌志认为爸爸说的话太伤人了，于是父子俩就吵了起来。这次吵闹的结果是，凌志没去上补习班，但爸爸也取消了他周末玩游戏的时间。

从那次吵架开始，凌志开始变得不爱搭理人了，每天一回家就钻进自己房间，吃饭的时候也懒得说话。有一个礼拜天，爸爸和妈妈要去拜会客人，凌志借口要写作业，没有一同前往。等到爸爸回来的时候，却发现凌志正在书房玩游戏。爸爸当即发火了，骂凌志没出息，不上进。凌志争辩说，自己好久没有玩了，担心游戏账号被注销，所以才登录了一下。爸爸哪里肯听他的解释，继续大发雷霆，最后凌志气得夺门而出，直到半夜才回来。

从那以后，凌志就完全变了一个人，他故意顶撞爸爸，写完作业后，就明目张胆地玩游戏。到了周末，他还会跟别人去网吧，爸爸再怎么骂，也不管用了。现在，别人问起凌志来，爸爸就会说："哎，这孩子是没救了！"

　　反观这个案例，我们不难看出，很多孩子出现问题，其实大都是家长的不当行为造成的。来自父母的沟通和理解，对孩子的健康成长是非常重要的。马克思说："当我们得到理解的时候，智慧是不会枯竭的；智慧同智慧的相碰，就迸出无数的火花。"有了沟通，有了理解，才能避免隔阂，才能激活孩子的生命力。如果父母不能放下姿态，不懂换位思考，就必然会把亲子关系推向水深火热之中。

　　看到孩子玩游戏，父母往往容易冲动。在他们眼里，游戏就是洪水猛兽。其实，从孩子这方面来讲，他们只不过是把游戏当作了一种普通的娱乐方式。每一个开始接触游戏的孩子，都是出于好奇和好玩，这时家长要理解孩子的心情，不要一上来就用过激的话语训斥孩子。来自亲人的误解，会对孩子造成极大的心理伤害，进而还会促使孩子产生破罐破摔的心态——"你说我不好，我就不好给你看！""反正我在你眼里是个坏孩子了，我干吗还要做好孩子呢？"于是，本来是一个小问题，却发展成了大事件，只是因为缺乏理解，亲子关系迅速恶化，最终把孩子推向完全的对立面。

　　幸运的是，一部分家长已经意识到这个问题，他们开始认真审视自己的行为，并积极调整自己的心态，以期更好地理解孩子和教育孩子。现在社会上兴起许多成人心理辅导班，推出专门针对家长的"家长课堂"和"父母学习班"，那些希望扭转家庭现状的家长，纷纷走进课堂，接受第二次教育。这是一个很好的现象，表明家长们自我进步的决心。那么，在游戏这件事上，父母应该怎样理解和看待，又该如何去和孩子进行沟通呢？

1. 学会理解，不要给孩子过强的心理刺激

每个孩子都渴望得到父母的肯定与赞许，在游戏这个问题上，家长要持一种平等而亲和的态度去引导他。不要一味地讥讽和指责，否则激发孩子的负面情绪和逆反心理，就会让孩子和自己愈走愈远。

2. 学会换位思考，体会孩子的内心感受

由于年龄和阅历的关系，家长与孩子理解问题的角度和方式大不相同，同样是玩游戏，家长和孩子的看法也会不同。要想更好地了解孩子的内心世界，最好的方法是学会换位思考，体会孩子的真实想法，如此才能够做到对症下药，所有的问题才会迎刃而解。

3. 摸清孩子的心理变化，做到同步教育

想要教育得法，必须理清孩子的心理脉络，了解他们心理变化的细微过程，及时发现问题，及时解决问题，对孩子做好即时教育，同步教育。千万不要等酿成大错之后再去挽回，到那时就已经悔之晚矣。

 **亲子关系越差，孩子越容易游戏成瘾**

你家的亲子关系怎么样呢？你是否重视亲子关系呢？事实上，亲子关系对孩子成长起着很大的作用。根据调查研究，那些迷恋游戏的孩子，很多都是来自亲子关系不良的家庭。关于糟糕的亲子关系，美国著名作家莫里斯在《开放的自我》中说："亲子关系上的专横，是最疏忽不得和最普遍的一种专横。在爱的名义下，它播下了仇恨和挫败的种子。"我们身边的很多事例表明，亲子关系越差，孩子越容易出现游戏成瘾的状况，而孩子一旦成瘾，亲子关系又会进一步恶化，由此形成一个恶性循环。从此，家长感到绝望，孩子深陷痛苦之中。

要知道，当孩子到了十二三岁，正好处于性格上的叛逆期。这个时期的孩子，思想上渴望独立，意识上渴望长大，行为上渴望摆脱家长的束缚。在家庭生活中，孩子这种思想也渐渐体现出来，最明显的表现是"不听话"。孩子之所以"不听话"，一方面是因为他们认为自己已经长大，不愿再事事依赖父母，另一方面的原因是，孩子的心智已经开始从幼稚向成熟过渡，因此他们开始敢于怀疑父母、否定父母。孩子的这种状态,就是我们所说的"心理断乳期"。

这个时期的孩子,是最为敏感的,很容易树立起敌对情绪,不但父母的话听不进去,还要和父母反着来、对着干。他们精力旺盛,最容易学有所成,也最容易沉迷游戏,荒废青春。关于这一时期,著名画家达·芬奇说:"趁年轻少壮去探求知识吧,它将弥补由于年老而带来的亏损。智慧乃是老年的精神养料,所以年轻时应该努力,这样年老时才不致空虚。"所以,父母要积极引导孩子探索知识,增长智慧,而不是沉迷游戏让大好时光浪费。

这个时期的孩子,他们需要父母适当放手。然而,为什么有些父母总是不肯放手呢?这是因为很多父母面临"感情断襟期"的考验。孩子逐渐长大,可父母却不肯接受这个事实,他们还把这些已是少年的孩子当成婴幼儿期的儿童,希望他们感情上继续依赖自己,行动上继续顺从自己。孩子要试着学飞,父母还把他们强按在窠里,孩子要挣脱他们的怀抱,父母就开始伤心和伤感,认为孩子不听话了,不配合了,是逆反,是叛逆。

孩子的"心理断乳期"和父母的"感情断襟期",几乎是同步到来的,因此有人将这种现象戏称为"青春期遭遇更年期"。两两相撞,难免会产生交火,再加上双方各执己见,互不理解,使得亲子关系越来越恶化,最终导致亲子危机。而我们的孩子,就是在这种危机中"叛逃"向游戏的魔掌的。

鲍健从小是个听话的孩子,很少惹爸爸妈妈生气。鲍健小学时成绩不错,经常受到老师的表扬,邻居们都羡慕鲍健的爸爸妈妈，说他们有一个省心的儿子。自从鲍健上了初中以后，他开始有了自己的想法，对父母也不像原来那么崇拜了。有时候，他感觉爸爸妈妈说得不对，就会当面提出来。一直以来，父母都是家里的权威人物，他们在儿子面前说什么是什么，现在儿子忽然站出来指手画脚，又是顶嘴，又是反对，这让父母感到很难接受。

　　在以前，晚饭用餐是全家最温馨的时刻，一家人聚在一起其乐融融。现在呢，吃晚饭成了大家最难受的时候，爸爸的发言经常遭到鲍健反驳。很多时候，爷俩说着说着就吵起来。爸爸责怪鲍健太嚣张，鲍健却说爸爸是老思想，新时代就应该父子平等。妈妈平时喜欢唠叨，到吃饭的时候会不停地提醒鲍健吃这个吃那个，鲍健表现得很不耐烦，认为自己早就不是小孩子了，吃饭的事自己能做得了主。妈妈怪鲍健不懂事，鲍健却嫌妈妈管得太宽。就这样，鲍健和父母之间矛盾不断加深。到后来，不管父母说什么，鲍健都当成了耳边风，或者干脆说"不"。父母这边呢，他们觉得儿子越大越乖戾，与其自讨生气，还不如干脆不理他。

　　从表面上看，鲍健暂时摆脱了父母的束缚，可事实上，他的内心也很苦闷。他总感觉父母不关心自己，也不理解自己，家不是他栖息的港湾，反而是恼人的漩涡。随着与父母的日渐冷落，鲍健慢慢淡漠了亲情，也失去了家庭的归属感，于是只能从游戏中去寻求快感。随着时间的推移，鲍健玩游戏的时间越来越长，当父母发觉的时候，鲍健已经养成游戏瘾。这时候父母追悔莫及，极力想管教好儿子，这使得他们原有的矛盾更加激化。父母恨儿子不争气，儿子怪父母手腕太狠，到最后，不仅儿子玩游戏没能阻止，一家人反倒成了仇人一样。

关于网瘾与亲子关系的联系，12355青少年服务台的心理和社工专业志愿者电话回访过159个网瘾求助案主，发现九成网瘾青少年对父母怀有敌视情绪，还有九成家长反映孩子无心向学。12355社工专业志愿者阿燕说："几乎每一个接受电话回访的家长都会说相同的一句话，孩子不与父母沟通。沉默抵抗父母的管教是网瘾青少年或者有网瘾倾向孩子共同的行为表现，比例占到了九成，和父母的敌对倾向发展下去会使很多孩子出现暴力倾向。"由此可见，每一个问题孩子背后往往都有一个问题家庭，孩子的网瘾行为很多是对现实家庭的逃避。

孩子之所以出现这种情况，正是亲子关系问题的长期累积。作为父母，我们要深刻反省自己的行为，努力调整自己的态度，用包容和爱去改善现有的亲子关系，为孩子营造出一个温暖、和谐的家庭环境。

那么，父母应该如何打造和谐的亲子关系呢？下面是10条小建议——

1. 看到孩子长大了，要欣慰，不要伤感；
2. 发现孩子独立了，要支持，不要束缚；
3. 孩子不愿多说，要静默，不要唠叨；
4. 孩子情绪低落，要抚慰，不要漠视；
5. 孩子有心事，要试探，不要逼问；
6. 孩子有烦恼，要倾听，不要冷落；

7.孩子喜欢的事,要分享;
8.孩子讨厌的事,不逼迫;
9.放下架子,做孩子的朋友;
10.让孩子爱上父母,爱上家。

第四章

釜底抽薪"撒手锏"
——对付游戏上瘾的孩子,父母不可不知的妙招

几乎所有父母都关心一个共同的问题:对付孩子玩游戏,什么方法最有效?到底有哪些"撒手锏"能够达到釜底抽薪的效果?在本章,我们为各位父母提供了一些实战策略,希望能够在解决实际问题中有所帮助。

 **转移注意力**
　　——用一种瘾取代另一种瘾

在现代社会,很多人不知不觉染上了"网瘾"。对孩子来说,"网瘾"最突出的表现是"游戏成瘾"。网瘾这一概念,最早由美国心理学家格登博格(Goldberg)提出,后来匹兹堡大学金伯利·扬博士(Dr. Kimberly Young)进一步深入研究,让网瘾的概念更加丰富。目前来看,网瘾患者的典型特征是上网行为失去控制,因过度使用而导致工作学习、社会交往及身心健康的损害。

有人或许认为,上瘾就上瘾呗,反正又不是什么大不了的事情。事实上,你想错了,网瘾还真是一件大事。世界卫生组织在第72届世界卫生大会上通过了《国际疾病分类第11次修订本》,其中重要的一项决定就是将电子游戏上瘾行为正式列为"精神疾病"。你看,游戏成瘾严重之际就是一种可怕的精神疾病了。如果你家孩子正沉迷游戏,可千万要警惕了!

刚开始游戏成瘾还可以控制,但如果发展到后期,就会让人的精神对此产生依赖。这样依赖和游戏瘾会摧毁孩子的学习意志,让孩子干什么都提不起精神。他们最大的快乐要在网络游戏的世界里寻找，对正常的社交生活反倒疏远而陌生，这种行为其实就是一种自闭症。如果你注意观察，就会看到很多沉迷游戏的孩子，他们的目光飘忽涣散，没有炯炯有神的光芒。如果任由孩子在游戏里放任自流，难以想象我们的下一代会是什么样？毫无疑问，这是新一代危机！

那么，到底是网瘾可怕，还是其他疾病可怕呢？对父母来说，孩子患上网瘾比疾病更可怕。如果患上的是其他疾病，孩子自身渴望早日痊愈，因此会积极配合医生的治疗。但患上网瘾的孩子，却不肯配合戒瘾。相反，他们还会通过撒谎、欺骗等手段，千方百计给自己创造更多玩游戏的机会。正因如此，很多家长觉得，染上网瘾的孩子就等于吸毒，基本上是没救了。

其实，父母不必如此悲观。网瘾固然难缠，但还是能够找到解决办法。只不过，帮孩子戒掉网瘾并非一朝一夕的事，我们不能心急，要根据孩子的具体情况，一步一步制定解决方案。那么，我们应该如何制定解决方案呢？

第一步，父母要搞清楚孩子是否染上网瘾。那么，如何判定孩子染上网瘾呢？一般来说，孩子每天上电脑或玩手机超过2个小时，不玩电脑和手机就感觉不自在，从而坐立不安、无心学习，等等，像这类都可以断定为染上了网瘾。

第二步，搞清楚网瘾的危害有哪些。网瘾不同于生理上的疾病，已经形成网瘾的孩子，一旦不能及时满足他们的需求，孩子就会出现进一步的反应。比如说，他们会出现抑郁、焦虑和失眠等症状，更严重的，还会因此而产生悲观厌世的思想。

有的孩子因为游戏限制，还会产生自杀的倾向。

关于网瘾，我们已经有了初步的了解。下面要说的重点是，我们应该如何来帮助孩子戒除网瘾，以及游戏瘾。

俗话说："病来如山倒，病去如抽丝。"孩子的网瘾不是一下子就形成的，想让他们戒掉网瘾，也不是三五天就能解决的。我们一般不主张强制戒网，那样的话，孩子容易出现过激反应，比如说，有的孩子会连续失眠，有的孩子可能会出现抑郁症状，还有的孩子会选择离家出走，其中也不乏自杀的案例。所以说，戒网不能图快，更不能硬来。

最温和、最聪明的方法，莫过于精神转移法。也就是说，让孩子转移注意力，用另一种瘾来代替现有的网瘾。精神转移法，实际上是一种代偿行为，也是一种疏导行为，对少年群体来说，这种方法是更可行的。

1.用其他有趣的事来吸引孩子的注意力

当我们发现孩子无聊想玩游戏的时候，要及时扭转他的注意力，或许可以这么说："宝贝，妈妈陪你去游乐园，好不好？""今天正好周末，咱们一起去看电影吧！""你不是想吃火锅吗？妈妈今天正好有空。"这些活动对孩子来说，同样具有一定的吸引力，所以如果你能及时地见缝插针，带他离开游戏源，孩子就会乐而前往，暂时将游戏抛到一边儿。

2.让孩子在另一件事上付出更多的精力

孩子的精力是有限的，如果能让他在其他的事情上分散掉大部分的精力，那么他也就无法再在网络上耗费更多的时间了。家长们要及时向孩子抛出诱饵，用他们喜欢的事去吸引他，引诱他"上钩"。"妈妈想换一个微信头像，你画画最好了，快来帮妈妈画一幅漫画头像吧！"如果孩子画得不满意，你可以请求他继续画，直到你满意为止。如果孩子画得不错，你可以鼓励他给爸爸也画一幅，或者建议他给自己也画一幅自画像。这样拖来拖去，孩子被画画牵扯住了精力，自然也就无法顾及玩游戏了。

3.让孩子喜欢上另外一种活动

我们可以用另外一件事套住孩子的心，让他喜欢上另外一种活动，霸占他的时间，让他不自觉地疏远游戏。"儿子，咱们社区刚建了一个乒乓球场馆，想不想去试试？""我看到外面好多孩子在练悠悠球，你的悠悠球放哪儿了？出去跟他们比一比……"这类有趣又有益的活动，很容易博得孩子的欢心，只要他喜欢上了其他的活动，很快就会乐不思蜀。

诱导除瘾法
——培养孩子的阅读兴趣

游戏对孩子危害如此严重,难道父母只能束手旁观吗?

事实上,为了帮助孩子去除游戏瘾,教育专家和心理学家琢磨出了很多办法,其中特别有效的一个是"诱导除瘾法"。父母通过巧妙诱导,让他们离开游戏去做别的事情,这样一来,孩子对游戏的"瘾"就解除了。这种方法可以很好地分散孩子的注意力,让他们把注意力转移到其他有益的活动中,既解除了网瘾,又培养了新的爱好,可谓一举两得。

然而,我们必须认识到——诱导除瘾应该循循善诱,而不是强制逼迫。当孩子染上网瘾,心情焦躁不安,这时不能硬逼他们去做自己不喜欢的事。父母一定要用他们喜欢的活动去诱导,比如让孩子展示自己擅长的才艺、吃一顿美食、听自己喜欢的音乐、看自己喜欢的电影、看一本自己喜欢的书,等等。只要孩子做的是自己喜欢的事,心境就会慢慢好转,并逐渐营造出忙碌和愉悦的氛围,进而淡化游戏的吸引力。

经过反复的观察和实践,我们发现——培养孩子的阅读兴趣,是诱导策略中最有效、最易实施的方法。英国伟大的戏剧家莎士比亚说:"书籍是全世界的营养品。生活里没有书籍,就好像没有阳光;智慧里没有书籍,就好像鸟儿没有翅膀。"众所周知,孩子的求知欲非常强,正是本能的求知欲让孩子走进了游戏世界。如今,我们也能"以其人之道还治其人之身",用求知欲来激发孩子的阅读兴趣,用书籍来替代游戏在孩子心中的位置。

小牧是一个不折不扣的游戏迷,只要玩游戏,饭可以不吃,觉也可以不睡。快要到期末考试了,妈妈想让小牧抓紧复习功课,可是小牧哪有心思学习?人在桌前,心却在游戏上。只要一有机会,他就打开电脑或手机,投入游戏战斗中。

妈妈一心想帮小牧戒掉游戏瘾,带小牧去游乐场,给小牧买最喜欢的玩具,什么办法都试过了,可小牧还是不为所动。妈妈没办法,只好向我咨询。得知小牧以前最喜欢看故事书,我建议诱导小牧去书店看看。

周末放学后,小牧妈妈带他去了书店。小牧妈妈故意在故事书旁边转悠,翻翻这本,看看那本,很长时间不动地方。小牧等得无聊了,也开始随手翻看,看着看着就勾起了兴趣。时间过去了将近一个小时,小牧还在那里看书,妈妈走过去说:"你喜欢,就买下来回家去看吧。"这下正中小牧下怀,他美滋滋地把书抱在了怀里。回到家之后,小牧坐在沙发上继续捧读,完全忘记了游戏这回事儿,直到妈妈叫他吃完饭,才恋恋不舍地放下书本。

在这本书读完之前，小牧一直没怎么想到玩游戏。妈妈看到读书这么有效，赶紧趁热打铁，第二个周末继续带小牧去逛书店。这一次，小牧征得了妈妈的同意，一下子买回了三本书。这下小牧可有事情干了，每天写完作业之后，就开始看书，读得津津有味，乐在其中。从那以后，小牧再也没提过游戏的事儿，如今，读书才是他最感兴趣的事儿。

小牧是一个成功的案例。当然，不是所有的孩子都喜欢阅读，不喜欢没关系，兴趣是可以慢慢培养的，只要用对了方法，游戏迷也可以变成小书迷！

不过，在诱导游戏迷变成书迷过程中，有以下几个要点需要注意——

1.读书不能强逼，而是要慢慢诱导

有些家长不管孩子愿不愿意，自己跑去买来许多书，摊在孩子面前，命令他："从现在开始，你必须读书，不许玩游戏！"这样做当然没有用，读书的爱好不是逼出来的，而是要悉心诱导。在日常的谈话中，你可以不经意地谈起："听说沈石溪的动物小说不错，你们同学有读过的吗？""《小王子》这本书很好看……"通过慢慢诱导，孩子可以潜移默化地受到影响，大多数孩子都会因此而改变。

2.阅读要从孩子最感兴趣的书开始

有些家长望子成龙心切，以为读书就是要从经典开始，在孩子的书房里堆满了世界名著，结果呢，书放了几年，孩子

翻都不翻，碰都不碰。对那些没有读书习惯的孩子，要从他们感兴趣的书开始，慢慢引导他们进入书的世界。孩子喜欢笑话，就买笑话集；喜欢故事，就买故事书，首先要让他养成阅读的习惯，以后再适当调整书目，慢慢提升孩子的阅读品位。

3.推荐有趣的书，让孩子尝到读书甜头

有些家长只会用教辅图书及枯燥的书去压孩子，结果事与愿违，孩子们非但没有爱上书，还对读书产生了厌倦。想让孩子喜欢上读书，就要让读书变成有趣的事，这样才能冲淡游戏的魅力。多给孩子推荐一些有趣味的书，像游戏一样有趣好玩，孩子自然会一拿起来就爱不释手。一旦尝到读书的甜头，孩子就会将游戏丢到一边儿。

4.陪孩子一起阅读，增加共同话题

读书会让人产生孤独感，如果能够在读书的时候找个人交流心得，读书会变成快乐的事。最好的方法是：找一本好书，由家长陪孩子一起读，大家一起探讨人生，一起体会书中的喜怒哀乐。有了共同的话题，孩子读书的兴致会更高。

5.读书有奖活动，让孩子越读越有兴趣

奖励是最直接的激励方法。家长可以巧妙开展读书有奖活动，带动孩子的读书兴趣。选一本书给孩子读，读完之后写心得，然后由家长进行评判，无论写得如何，都会得到相应的物质奖励和精神鼓励。有了物质和精神上的激励，孩子读书的兴趣会大大提高。

6.电子书或听书也是转移兴趣的一种方式

电子图书也是一种值得推荐的阅读方式，带孩子用平板

电脑或阅读器读电子书,既经济又便捷。另外,我们也可以通过专门的听书APP(如喜马拉雅、懒人听书等),让孩子在聆听中进入奇妙的世界。有些家长对此有些顾虑,担心电子产品会勾起孩子游戏瘾的旧病。其实,很多事是无法避开的,越是躲躲闪闪,越是死灰复燃。必要的时候,我们要让孩子直面电子产品,让他们认识到电脑和手机可以做很多事,并非只能打游戏。

 **别把孩子长时间闷在家里**

著名导演张艺谋说:"每人都有孤独感,喧嚣中的人,内心可能是孤独的。这种孤独是与生俱来的,有人多些有人少些,但内心都渴望被安抚、理解。"由此可见,在这个世界上,孤独无处不在。

面对孤独,孩子又是怎样的呢?事实上孩子更加无法忍受孤独,他们的内心深处时刻渴望关心和抚慰。由于我国长期实行人口限制政策,独生子女家庭占到多数,孩子从小就缺少同龄人的陪伴,于是造成内心的孤独。每当到了假期,孩子不用再去学校,又没有其他娱乐活动,大多孩子总是闷在家里无所事事。每天早上,爸爸妈妈要出去忙自己的事,只留下孩子一个人在家独守。从白天到黑夜,家里空空荡荡,这一天显得格外漫长。作业写过了,电视看过了,课外书也读过了,没什么好玩儿的,那就玩玩游戏吧。今天玩一会儿,明天玩一会儿,于是游戏时间越来越长。直到有一天,他们再也离不开游戏。

毫不夸张地说,家庭环境对孩子游戏瘾的形成起着决定性作用。在枯燥的家庭环境中,孩子找不到精神依托,就会很容易把精力投入游戏世界。这就跟病毒繁殖一样，只要有适合的环境，它们就会疯狂传播。但如果我们改善一下现有的环境，让病毒失去原有的温床，它们也就不打自灭了。

想要让孩子戒除游戏瘾，我们应该怎么办呢？我的建议是——别把孩子长时间关在家里，适时带孩子出去转一转，玩一玩。孩子不闷了，不无聊了，自然也就不用再去游戏世界里消磨时间了。美国开国元勋华盛顿说："让孩子感到家庭是世界上最幸福的地方，这是有涵养的大人最明智的做法。这种美妙的家庭情感，就和大人赠给孩子的那些最精致的礼物一样珍贵。"经常带孩子出去玩一玩，可以扩大孩子的眼界，增进孩子的见识，创建良好的家庭环境。作为父母，我们又何乐而不为呢？

> 徐婉是一个企业白领，每天早出晚归，很少有时间顾及家庭。徐婉的先生开着一家文具店，也是从早忙到晚。家对他来说，就是另一种意义上的旅馆。两口子各忙各的，这就苦了徐婉的儿子沫沫。四年级那个暑假，徐婉为沫沫报了两个辅导班，可是沫沫不小心扭伤了脚，没法去上辅导班，只能整天闷在家里。沫沫实在无聊，就打开电脑或智能手机玩玩小游戏，以此来解闷。徐婉也清楚儿子在玩游戏，但自己实在抽不出时间陪孩子。同时她又心疼孩子一个人在家会无聊，所以就没有干涉沫沫上网的事，随他去了。就这样，不到一个月时间，沫沫从小游戏玩到大型游戏，对游戏彻底着了迷。一整天都泡在游戏世界，

不眠不休，如痴如醉，暑假都过去一半时间了，他的作业还基本没有动过。

徐婉认识到事情的严重性，当即请了一个月的假，专门在家陪沫沫。每天早起，徐婉都带沫沫去楼下草地上踢毽子，沫沫玩得满头大汗，早饭吃得特别香。上午写完作业后，徐婉还会带沫沫下楼去跳绳。下午安排的活动是打乒乓球。在乒乓球馆，沫沫和其他孩子一起练球。在那里，沫沫不但球技大长，还交了许多新朋友。有时候，沫沫还约小朋友一起去公园玩儿。徐婉还经常带沫沫去市博物馆去参观，了解历史文化知识。

奇怪的是，这段时间沫沫再没有提过游戏的事。开学前几天，沫沫完成了全部作业，他告诉徐婉说："妈妈，刚放暑假的时候，日子真难熬啊！自从你回来了，日子就过得特别快，我还没有玩够呢，就已经开学啦！"徐婉听了沫沫的一番话，心里十分复杂，她懊悔自己当初遗忘了孩子的心理需求，同时又庆幸自己及时帮孩子戒除了游戏瘾。

外面的世界，无论对大人还是孩子，都是一个巨大无比的诱惑。法国作家屠格涅夫在《猎人笔记》中写道："春天到了，幸福的人走向远方，寻觅历史的足迹，看看外面的世界。"是的，孩子应该多看看外面的世界。他们正处于成长发育阶段，有着旺盛的精力，在学习之余，他们还需要丰富的课余生活。如果不能及时满足这个需求，孩子就会感到孤独和苦闷。他们渴望出去看看这个世界,然而无奈的是整天被囚禁在房间里,感觉身心都发霉了。

作为父母,我们要么担心孩子的安全,要么就是期望孩子争分夺秒地把每一分时间都用在学习上。殊不知,孩子不是机器,他是一个有思想的生命体,需要大胆地探索和发现。如果我们总是把他们关在家里太长时间,他们总有一天会投身于游戏的怀抱,因为游戏是孩子排遣寂寞最便捷的手段。如果你想让孩子摆脱游戏的漩涡,就要带他走出家门,多出去走走转转,丰富他的见闻和体验,让他的人生更加绚烂多彩。

 ## 共度闲暇时光，别让电脑成为孩子的"保姆"

台湾音乐人李宗盛有一首《凡人歌》这样唱道："你我皆凡人，生在人世间；终日奔波苦，一刻不得闲。"可以说，这首歌是现代人的真实写照。为了生活，每个人都在奔波忙碌，很少有时间陪孩子。偶尔有了闲暇，又有这样那样的应酬。当我们感到劳累疲惫的时候，往往会放任孩子去玩手机或电脑。就这样，为了自己图省事，父母把手机或电脑当作了孩子的保姆，心里想的是："只要你别来缠我，怎么玩儿都行！"

我有一个做生意的朋友，女儿小樱今年5岁了，由于妈妈生意太忙，就让女儿上了全托。每到周末，把小樱接回家来，妈妈还有一大堆的事，比如洗衣、烧菜、会朋友、打牌等，看起来比平时还要忙，几乎抽不出时间和女儿交流。小樱看电视看累了，想跟妈妈撒个娇，刚走到妈妈跟前，妈妈就说："宝贝儿，妈妈现在忙着呢，给你手机，自个玩去！"

小樱有个小表姐，叫璐璐，今年8岁了，刚上小学二年级。璐璐的父母和小樱的父母一样,总是很忙。到了晚上,爸爸忙着看电视,妈妈忙着打毛衣,璐璐遇到了英语作业不会写,去问妈妈,妈妈头也不抬地说:"去问爸爸!"璐璐又去找爸爸,爸爸头也不回,告诉女儿:"你去电脑查查!"

在这些家庭里,孩子跟手机和电脑相处的时间,比他们与父母相处的时间还要多。家长们为了自己省事儿,把孩子推到了电脑和手机身边,从而形成"三位家长"的模式,手机和电脑成了孩子名副其实的"电子保姆"。然而,问题的关键是,一部小小的手机或电脑,能否承载得了教子育儿的责任呢?一旦孩子沉迷其中,"电子保姆"只会助纣为虐,到那时,即使你辞退了这个保姆,也无法再让孩子恢复健康的身心。

与手机、电脑这些"电子保姆"相比,我们父母究竟有什么用呢?事实上,父母在孩子心中的地位是神圣而不可替代的,父母会教孩子如何立身、如何做人,这些道理"电子保姆"根本教不了。孩子需要父爱和母爱,这些感情"电子保姆"也给不了。如果你认为"电子保姆"可以给孩子带来欢乐,那你就完全搞错了!一旦孩子把失落的情感转移到"电子保姆"身上,就必然形成网瘾,到那时你将会有深深的悔恨和创伤。

假如你想做一个合格的家长,就应该亲自担负起教育孩子的责任,和孩子一起度过闲暇时光,而不是把他们推给"电子保姆",任由他们在游戏的深渊里沉沦。一般来说,有以下几点建议可供参考——

1. 手机/电脑不是万能的，不能事事依赖

手机和电脑是高科技产品，功能丰富，孩子写作业的时候它是学习机，娱乐的时候它又成了游戏机。有了手机和电脑，父母感到非常省心，不少父母说："有了电脑和手机，孩子自个儿就能学习，老师可以辞退了！""有了电脑和手机，孩子不出门也可以玩得很开心！"如此依赖是有问题的。要知道，电脑和手机不是万能的，教育子女的责任，父母必须亲自承担。

2. 当心"保姆"变成教唆犯，必须保持警惕

父母必须认识到，"电子保姆"是个不负责任的保姆，她给孩子提供海量的信息，却不教孩子如何去伪存真、辨明是非，教会孩子玩各种游戏，却不会教孩子如何自我控制，爱护身体。在"电子保姆"的溺爱下，孩子会偏离生活的主题，变成一个不折不扣的网瘾患者。可见，"电子保姆"是靠不住的，一不小心，就会变成教唆犯。

在寒暑假的闲暇时间里，孩子最容易上网成瘾。有的小孩子，一个周末的时间，就有可能迷上游戏。作为家长，我们应尽量在闲暇时间多陪孩子，让孩子得到温情的保护，不给孩子沉迷网络的机会。比如，在寒暑假，不让孩子做孤独的"自由神"。当孩子上网的时候，家长最好在旁陪伴，不给他们偷玩游戏的机会。更重要的是，父母要做孩子的好玩伴，做孩子的知心朋友，不要让游戏趁机钻空子。记住，你才是孩子最好的"玩具"和"游戏"！

闹钟法、倒计时法
——严格控制孩子玩游戏时间

随着网络作业及网课的流行,孩子似乎可以光明正大地使用手机和电脑了。然而,很多孩子用着用着就变了味儿,把使用电脑的重心从学习慢慢移位到游戏上。由于年龄的关系,孩子们对网络游戏丝毫没有抵抗力,能够自主控制的少之又少。

大多数孩子面对游戏的时候,会呈现出极度贪婪的样子,从来不能够主动终止,即使有家长催促,他们也是能拖就拖,能耗就耗,多玩一秒是一秒。有些孩子甚至会说谎,告诉家长自己在上网课,其实一直在玩游戏。问题的根源在哪里呢?就在于孩子的自控力太弱。

一旦上网时间过长,孩子很容易产生依赖心理,如果听之任之,孩子就会沉迷其中不可自拔。从孩子学习和成长的角度考虑,我们要适当给孩子留出上网时间,但绝不是放任自流。另外,我也不建议全盘封堵。全盘封堵会堵塞孩子汲取新知识的窗口和渠道。事实上,在网络科技成为时代主流的今天,全盘封堵也是根本不可能的。

那么，我们父母应该怎么做呢？正所谓打蛇打七寸，最有效的办法是控制孩子的上网时间。要知道，孩子之所以形成网瘾，最主要的原因就是没有节制。对于已经形成网瘾的孩子，我们要循序渐进，逐步缩短他们的上网时间，直到完全恢复到正常的学习和生活状态。为了让孩子保持一个良好的上网习惯，我们要注意以下几点——

1.不要把电子产品放在孩子房间里

做个不恰当的比喻，把手机、电脑放在孩子房间，就好像把凶器放到罪犯手中，诱导犯罪的可能是很大的。你是故意在引诱孩子游戏上瘾！要想让孩子戒掉网瘾，首先要净化他周遭的环境，电脑、笔记本、手机之类的电子工具都要收起来，不要摆放他的眼前，从而给孩子一个清静的环境，这样他才能心无旁骛地学习。

2.孩子上网前必须先征求父母许可

孩子能否上网，父母有权利发红牌惩戒或绿色通行证。对那些已经有网瘾的孩子以及那些自制力较差的孩子，父母要果断取消他的上网资格。只有时刻把上网决定权掌握在自己手中，孩子才不会放纵自我。当孩子有上网的客观需要（如需查询资料或网课学习等），经过父母批准同意，孩子方可正常使用电脑或手机。在严格管控下，游戏的源头就卡住了。

3.孩子上网前，先约定好具体时间

孩子毕竟是孩子，一旦玩起游戏，大都会失去时间观念。如果没有人中途阻止，他们肯定会玩个昏天黑地。为了避免这种情况发生，我们必须在孩子上网之前，就提前约定具体的上

网时间。一旦超过时间，立刻断网，绝不妥协和心软。

4. 奖罚分明，守时有奖，超时必罚

对于人性来说，管理的最大秘诀其实只有两个字——赏罚。为了让孩子更好地遵时守约，我们可以充分利用赏罚制度。如果孩子在上网时遵守时间，可以获得额外奖励；如果他超过了规定的时间，必须无情地给予惩罚，让他明白赏罚分明，说到做到。

5. 利用软件和应用程序，限制上网时间

有的家长或许会说："我们忙着自己的事情，不可能随时盯着孩子。但是，一旦没有了我们的监督，孩子就会无法无天。这种情况应该怎么办？"鉴于这种情况，我们可以下载专门的软件，设定好自动关机时间，当孩子上网超过预定时间，电脑就会自动关停。

邻居家有个孩子叫腾腾，他从小就喜欢玩电脑，有时看动漫，有时做幻灯片，有时玩玩小游戏。因为腾腾每天玩电脑的时间有限，所以妈妈没有过多干涉他上网。腾腾十岁那年，从同学哪里得知一款新游戏，当时大家都在谈论，腾腾也想一试身手。后来，腾腾利用周末上网时间，从网上搜到了这个游戏，当即就下载安装了。

自从装上这个游戏，腾腾就刹不住车了，一坐下就不想动弹，玩了一遍还想玩儿，闯了一关还想闯。妈妈喊他吃饭，他说马上来，结果一拖就是半个小时。妈妈催他睡觉，他说马上好，结果一拖又半个小时。这样过了一段日子，腾腾上网的时间越来越长，严重影响到了学习和休息。妈妈心想："是时

候治一治他了。"

妈妈从同事那里得知,<mark>有一款闹钟软件,特别适合有孩子的家庭使用,它可以帮助人们设置开关机时间,还可以限制浏览不健康网站</mark>。妈妈装上了这个软件,之后,她找腾腾进行了一次谈话。妈妈不反对腾腾上网,但不支持他玩游戏,而且提醒他必须注意时间。经过商议沟通之后,妈妈把腾腾的上网时间设定在每天晚上的八点至八点半,周末适当延长时间,调整为每天下午的四点至五点。

有了这个铁面无私的闹钟软件,腾腾再也不敢无所顾忌地上网了,他脑子里终于有了时间观念。有时腾腾玩得入迷,这时电脑会提前五分钟提示:"请注意时间!"时间快到了,腾腾还舍不得离开,这时电脑又会弹出一个倒计时时钟,提醒他:"两分钟后会自动关机……"腾腾没办法,就只能迅速关机离开。

刚开始用这个软件时,腾腾满口怨言,很不情愿。过了一段日子,腾腾逐渐适应。如今,腾腾基本做到了收放自如,即使是在别的地方用电脑和手机,他也会严格地遵守时间。

关于电脑限时的方法有很多种,目前采用最多的是闹钟法和倒计时法。具体操作方法有:①闹钟提醒;②倒计时提示;③定时关机;④开机限时;⑤过时黑屏;⑥超时重启。当然,随着科技发展的日新月异,更多有效软件将研发推出。正确运用这些科技手段,可以有效纠正孩子的不良上网习惯,帮助他们形成严格的时间观念。

 厌恶疗法——让孩子一次玩个够，从此产生厌恶感

游戏就像一个新世界，刚刚接触电脑和智能手机的时候，每个孩子都会感到新奇。他们向往五彩缤纷的游戏世界，希望借游戏满足自己的好奇心，实现自己冒险的梦想。随着游戏的深入，他们逐渐变得依赖，玩游戏的时间越来越久。由于过度依赖网络，他们的正常学习、生活和社交都受到严重影响，甚至导致一系列心理疾病的出现。

中国家长还是很霸气的，每当发现自家孩子游戏瘾之后，就会采取强制戒网的方法。不少被强制戒网的孩子，为反抗家长的管制，不仅变本加厉，甚至逃学泡网吧。一些有严重网瘾的孩子，为了能尽兴玩游戏，不惜公开与老师和家长对抗，面对孩子的负隅顽抗，许多父母不禁束手无策，不少人不惜痛下血本把孩子送进网瘾戒除机构，宁可狠心地让孩子吃尽苦头，也要坚决地让他戒断网瘾。

面对这种棘手情况，我们应该怎么办呢？事实上，与其让孩子吃尽苦头，不如给他尝点"甜头"。记得我们小时候，大多孩子都很贪嘴，遇到喜欢的东西，吃起来没够，妈妈阻止

的时候，我们就偷着吃，吃得太多，就会半夜闹肚子。结果肚子吃伤了，本来是自己最喜欢吃的东西，却再也不能吃了，不但不能吃，连看都不能看，一看到就反胃或干呕。这种所谓的"吃伤"，其实就是我们所说的厌恶疗法。

关于厌恶疗法，有一个著名的实验：1937年，尼克莱夫曼找来8条狗，然后把狗放上木架，注射阿朴吗啡作为刺激，让狗产生恶心、呕吐、发颤等反应。如此重复几个月之后，无须任何注射，这些狗只要上了木架，就会开始出现恶心、呕吐、发颤等反应。这就是厌恶疗法的研究过程。这种办法对戒烟、戒酒、戒网瘾等均有良好的效果。

浩明初中毕业后迷上游戏，经常借补课为名跑去网吧，学习成绩直线下滑。上了高中之后，浩明已经完完全全地被游戏控制了，整天沉迷在游戏世界里，再也无心学习。爸爸妈妈什么办法都用过了，还是不见成效。就在父母濒临绝望的时候，他们听从了我的建议，决定对浩明试一试厌恶疗法，死马当作活马医。

寒假到了，浩明一心要在游戏世界大展身手，爸爸和妈妈借口去姥姥家走亲戚，故意把浩明一个人留在家里。得知这个消息，浩明正中下怀，没有了爸爸妈妈的监督，他就一头扑到电脑前，玩了个昏天黑地。晚饭的时候，妈妈打来了电话，告诉浩明他们要在姥姥家吃晚饭，很可能晚上就住在姥姥家了，让浩明自己弄点吃的，晚上早点睡。浩明得知晚上可以一个人在家，大喜过望，心想：

"这下可以好好地过把瘾了！"当天晚上，浩明晚饭也没有吃，一直鏖战在电脑旁。

第二天早晨，妈妈又打来电话，说她要和爸爸去朋友家做客，大概到晚上才能回来。当时浩明的肚子已经很饿了，头也有点晕，但是他舍不得离开电脑，更懒得做饭，继续强打精神坚持在电脑旁。到了下午，浩明感觉头昏眼花，四肢乏力，又强撑着打了一会儿游戏，之后便开始恶心，伴有肚子疼痛。

这时妈妈的电话又来了，告诉浩明他们要去商场买年货，要晚一点回家。她还特意嘱咐浩明："学习累了，就玩一会儿电脑解解闷。"浩明听了几乎要哭出来了，他抱住电话大喊："妈，你快回来吧，我再也不玩游戏了！"从那以后，浩明彻底厌倦了游戏，有别的孩子问他为什么不游戏了，浩明说："拜托你别提游戏了行不行？我现在看到游戏就恶心！"

对于游戏成瘾而屡教不改的孩子，我们可以像上述案例试一试"厌恶疗法"。具体运用方法是——选一个特定日子，不仅不干涉孩子玩游戏，还要有意地撒开手，任由他去上网，让他一次玩儿个够！"你必须玩，一直玩儿！"这种欲擒故纵的方法，往往会收到意想不到的效果。

采取厌恶疗法，让孩子在长时间的游戏中身心疲惫、空虚无聊，进而对游戏产生厌倦感。就这样，我们变被动为主动，积极对孩子进行心理干预，挑战他们的心理极限，让他们由满足到厌倦,完成一个感情的逆转过程。孩子只有从心底里厌恶游戏,才能彻底抛开游戏。

第五章

规矩和爱
——父母要掌握管孩子玩游戏的平衡术

俗话说:"没有规矩,不成方圆。"父母管孩子玩游戏也是同样道理,一味地溺爱纵容肯定是不行的,失去束缚的孩子会长成浑身分叉的小树。一味地管制和打压同样行不通,过分严酷会伤害到孩子幼小的心灵。对于孩子,我们要不失规矩,同时又不能忽略爱的抚慰,要做到恩威并施,宽严相济。

 **学会用规矩和爱来管**

俗话说:"没有规矩,不成方圆。"想让马路畅通无阻,必须得事先画好线,不但机动车和非机动车道要分开,快慢车道也要分开,遇到路口,还要画斑马线、左行线等。这些线,就是规矩,就是我们所说的"画道道"。如果不画出这些"道道",车辆和行人失去管束,马路上就会变得一团糟。值得注意的是,相关部门在划这些"道道"的同时,还为公交车划出了专门的公交车道,为盲人铺设了专用的盲道。这些人性化的设置,让冷冰冰的"道道"有了几分温情的体现。

父母管孩子玩游也是同样道理,一味地溺爱纵容肯定是不行的,失去束缚的孩子会长成浑身分叉的小树。正如《格言对联》中所说:"溺爱享乐酿苦果;勤劳素朴造贤才。"然而,一味地管制和打压同样行不通,过分严酷会伤害到孩子幼小的心灵。对于孩子,我们要不失规矩,同时又不失爱的抚慰,最好要做到恩威并施、宽严相济。在定规矩的同时,不要忘记用爱来做润滑剂,一方面给孩子严格的约束,一方面又让他们体会到爱的温暖。

乐乐上了初中以后，表现得越来越热衷于游戏。妈妈看出端倪，决定对乐乐早下"杀手"。她给乐乐下了死命令，删除电脑里所有的游戏，不许再靠近电脑半步，不许和玩游戏的同学来往……妈妈的规矩一出台，就把乐乐给死死框住了。他在毫无心理准备的情况下，被强行隔离了游戏，这对乐乐来说，简直无法接受。

即使乐乐在学习中遇到难题，需要上网查资料，妈妈也不同意他碰电脑。乐乐的好朋友几乎都玩游戏，如果遵从妈妈的命令，乐乐就会失去最好的朋友。对于妈妈的"强权政治"，乐乐越来越想不通，他觉得妈妈蛮不讲理，又冷酷无情，认为妈妈不爱自己，甚至还怀疑自己不是妈妈亲生的。后来，乐乐对妈妈的怨恨越来越深，他故意以身试法，反其道而行之，找各种借口去上网，目的就是报复妈妈。

乐乐妈妈不想让孩子沉迷游戏，想让他远离网络，这个初衷并没有错，错就错在她教育的方法过于武断。在整个教育过程中，她只注重给孩子下规矩，却忽视了宽容。**美国舞蹈家伊莎多拉·邓肯说："母爱是多么强烈、自私、狂热地占据我们整个心灵的感情。"**是的，母爱是自私而狂热的，然而由于过于严酷，最终造成了亲情的隔阂。

作为父母，我们一定要认识到——孩子爱玩游戏是天性使然，要想让孩子形成良好的上网习惯，必须要做到双管齐下，用规矩和爱来管。两手都要抓，两手都要硬！假如孩子是一块坚硬的顽铁，要想把他打造成有用之才，硬来是不行的，过度地捶打生铁，只会使它裂开或断掉，却无法使它成形。如果把铁放在炉子里不加节制地一直煅烧也是不行的，烧得太久，铁熔成水，结果还是会废掉。最科学的方法是趁热打铁，先把铁放在炉子里预热，等到它变得软了，再用铁锤敲打。在整个打铁过程中，铁锤的敲打是规矩，炉火的煅烧是爱，一边是规矩，一边是爱，这样的教育才能起到事半功倍的效果。

古今中外，成功的教育无不是爱与规矩的结合。只注重规矩或只注重爱，都会剑走偏锋，使孩子沦为教育的牺牲品。

1. "严打"会把孩子逼上梁山

很多家长信奉"严打"政策，认为孩子有错，就得敲打。在控制游戏方面，只管下狠手，不必对他们讲情面。要知道，孩子是有思想、有感情的生命体，一味敲打，只会将他们敲穿。如果你坚持使用铁手腕，孩子只会越管越疯。

2. 溺爱会使孩子无法无天

有些家长信奉"怀柔"政策，舍不得给孩子定规矩，孩子明明沉迷游戏不可自拔，他们还不肯下决心管制。结果孩子一发而不可收，彻底陷入游戏的漩涡。

如何管孩子玩游戏，才能从以上两个误区走出来？《易经·系辞上》中说："一阴一阳之谓道。"我们必须阴阳结合，软硬兼施，让规矩和爱完美统一，做到有规矩地爱孩子，从而使规矩中有爱，爱中又有规矩。如何完美把握两者平衡，这是每个父母都应该学习的一门课程，期望每个父母都能圆满毕业，学有所成。

因为爱,所以自律
——做个好榜样,拒绝带头玩游戏

有人说,孩子是父母的复印件,有什么样的原件就有什么样的复印件。又有人说,父母是孩子的第一任老师,一言一行都对孩子有着深刻影响。

的确,孩子天生喜欢模仿,父母是他们模仿的第一个榜样。孩子以后的品性、德行如何,取决于父母的言传身教。古语有:"子不教,父之过。"俗语中也有"上梁不正,下梁歪"的说法。为人父母,首先要立好自身的根本,要在家里起到表率作用,给孩子做个好榜样。因此儒家经典《大学》中提出"修身齐家治国平天下"的行为逻辑,其中修身排在了第一位。如果父母不能修为自己,那么要想把家庭搞好,把孩子教好,那就很难办到了。

让我们睁开眼睛看看吧!很多家长抱怨孩子沉迷游戏、耽误学习,那么反过来看看自己又是如何呢?当孩子写作业的时候,父母忙着在电脑或手机上玩游戏、看电视剧、刷短视频,当孩子要休息了,父母还在玩电脑或刷手机……在孩子眼中,父母本身就有电脑和手机瘾,于是他们认为自己玩游戏也是很正常的事情。他们学着父母的样子，一闲下来就扑到手机或电脑上，这一切都是父母恶劣示范的结果，怎么能够把责任全推到孩子身上呢？当父母指责时，这些孩子会感到很无辜："为什么你们天天玩手机和电脑，偏偏我却不能呢？"一句话问得父母哑口无言。如果父母都已经上瘾了，又怎么能要求孩子洁身自好呢？

> 小学生刘钰家里，只有一台电脑，可是一家三口都是游戏迷。为此，家里不时上演电脑争夺战。爸爸一下班就霸占了电脑，妈妈做完了饭，感觉劳苦功高，应该安慰一下自己，于是也想把电脑抢过来。原本商定，刘钰写完作业，可以玩一会儿游戏。可妈妈每次都玩得正入迷，根本不肯让地方。刘钰斗不过妈妈，就开始用妈妈的手机玩游戏，有时还钻到被窝偷偷地玩。结果一个月下来，流量超了很多，妈妈的手机费成了天价。妈妈对此大为恼火，叱责刘钰不务正业，一心只想着玩游戏。刘钰却反驳说："你说玩游戏是不务正业，那你自己怎么还玩游戏呢？"妈妈自知理亏，拉了爸爸来助阵，爸爸批评刘钰半夜偷玩手机，影响学习。刘钰鄙视地说："爸爸，昨天晚上你玩到半夜两点，我看你还是先管管自己吧！"

对于这种现象，鲁迅说过特别犀利的一句话："将来的命运，早在现在决定。故父母的缺点，便是子孙灭亡的伏线，生命的危机。"诚然，孩子的命运掌握在你的手中。如同蝴蝶效应，你的一言一行都对孩子有着深远的影响。只有自己坐得端、行得正，才有资格去教育孩子。有的父母管不住自己，不注意自身形象，自己带头打游戏，这等于把自身的毛病传授给了孩子。不玩游戏的父母，教育起孩子来，会感觉理直气壮，说起话来头头是道。可是，如果父母自己也迷恋游戏，那他们在孩子面前又怎么斥责孩子呢？

正所谓"打铁必须自身硬"，如果父母不够自律，又怎么能做出好的示范呢？要知道，为人父母是上天赋予我们的神圣职责，我们一定要严格自律、言行谨慎，维护好自己的家长形象。你只有做好自己，孩子才会爱慕你、敬重你，教出的孩子才会根深树正。如果父母做得不好，孩子都会瞧不起，就会在孩子面前颜面尽失、威风扫地，带出来的孩子也好不到哪里去。为了孩子的将来，我们今天必须做好自己；想管好孩子，先管好自己！

 **就是要郑重其事**
——与孩子签定"上网协议"

教育学家苏霍姆林斯基曾说:"从什么地方和什么时候开始自我教育呢?有一句古老的格言——战胜自己是最不容易的胜利。"作为父母,我们要帮助孩子战胜自己,让他们摆脱游戏的诱惑。然而,我们必须认识到——孩子的自制力较差,面对浮躁的社会和形形色色的网络世界,他们很难战胜自己内心的欲望。这是一个必须面对的现实。

那么,父母应该怎么做呢?与其事后去做亡羊补牢的事,不如防患于未然,在孩子没有彻底沦落之前,就先同他约法三章,让孩子上网的时候有法可依,犯规之后有据可查。

周老师是某中学的老师,担任初二(6)班的班主任。周老师班上的孩子几乎全部都上网,其中在家可以自由上网的孩子大有人在。许多家长因为工作忙碌,没有发现孩子有迷恋游戏的倾向,等到孩子成绩下降了,才开始去找原因。为此,周老师专门召开了一场家长会,主题就是"制定上网规则,让孩子养成上网好习惯"。周老师建议家长,要正确干预孩子们上网的时间和次数，建议家长与孩子一起制定上网规则，对孩子的上网时间、时长和浏览网站做明确规定，然后督促孩子遵守条约，"依法上网"，以此来规避网瘾。

周老师的一席话，让家长们茅塞顿开，他们积极响应，回去之后就开始酝酿这件事。一个星期之后，周老师又召开了一次家长会，家长们把各自家庭的上网协议交了上来。周老师依照每个孩子的自身情况和家庭情况，对条约逐一进行了修改。随后，班里进行了一次集体签约仪式，学生们和家长现场签字，所有的协议即时生效。

一个月后，班里的上网情况明显好转。

两个月后，那些原本网瘾很大的孩子也渐渐恢复了正常的学习状态。到学期末的时候，班里的平均成绩有了大幅度提升，孩子们开心了，家长们满意了，周老师也放心了。

通过集体签约"上网协议"，家长、老师和同学三方都获得了成功，这说明"上网协议"是一项值得推广的家庭网管政策。要知道，条约和协议本身具有一定的约束性，如果我们把它变成"家法"，孩子们就会变得服服帖帖，绝不敢再肆意胡为。同时为了体现民主，我们还可以把这份协议当作一项家庭公约，发挥它的舆论监督功能，使孩子不得不谨慎遵守。

关于上网协议，到底有哪些方面要了解呢？

1. 制定上网协议的好处

（1）上网协议可以让孩子上网变得"合法化"，从而得到孩子的衷心拥护。

许多孩子认为，有了上网协议，自己就可以光明正大地上网了，只要自己遵守协定，也就不必再担心会受到家长的干涉和责罚。所以，大部分孩子会积极响应。

（2）上网协议让家长有了"法律依据"，处理问题更加得心应手。

签协议之前，孩子们难免会胡搅蛮缠，家长们即使苦口婆心地劝止，也无济于事。如今有了协议，可谓"法网恢恢"，孩子们再也休想做漏网之鱼。所以，很多家长认为协议让自己省心了，也不怕孩子再扯皮了。

（3）协议有利于家庭和睦，减少由于上网而引起的家庭纷争。

很多家长反映，自从制定协议之后，家里变得太平了。不管是孩子还是家长，都变得自制而又理智，从前那种鸡飞狗跳的现象全都不见了。

2. 家庭上网协议的形式

一般来说，上网协议有两种形式：一个是口头约定，一个是书面协议。口头约定更快捷一些，可以即时生效，但因为没有落实在纸面上，难免会发生口说无凭的争执。有的孩子说过就忘，或者说了不算。"我从来没有说过不上网啊！"就这么一句话，他就能将之前的口头约定彻底推翻。为了避免这种耍赖行为发生，我建议签定书面协议。相比之下，书面协议更冷静,更有力度,效果也更立竿见影。只要孩子同意这些条款并自觉签字,他们就会从内心里认可,从而主动遵守。有的孩子即使事后懊悔,也无法轻易推翻原有协定,只要家长亮出这份白纸黑字的协议书,孩子就无计可施。他们即使不情愿,也必须无条件执行。

3.上网协议的合理性与平等性

制定上网协议,不是逼迫孩子断网,我们的真正目的是——通过这些条文规则,帮助孩子形成自我约束能力,让他们能够有节制、有选择地上网。所以,我们在制定规则的时候,务必保证条约的合理性。我们要充分尊重孩子本人的意见,做到"先通过,后执行"。

那么,如何做到这一点呢?最好要遵从两个原则。

第一个原则:保证条约的平等性。我们制定的这份协议,不能只由家长说了算,所有的规则必须由家长和孩子共同商定。在商定的过程中,家长必须尊重孩子的意见,每项条款都要征得孩子的同意,不可以自作主张、一意孤行。我们的目的是促成条约,及早实施,遇到有分歧的地方,家长要耐心地跟孩子讲道理、做工作,要让孩子从心底里认可这个条约。

第二个原则:保证上网条约的可行性。想要让孩子改变现有习惯,不能急于求成,需要一步一步慢慢来。如果条约过于苛刻,孩子就会被吓倒,从而拒签。反过来,如果协定过于宽松,那也是形同虚设,即使签定了协议,也不可能取得预想的效果。所以,这些条款必须要为孩子量身定做,让孩子能够量力而行。

4.上网协议执行过程中需要注意的事项

（1）上网条约一旦形成，要严格执行，绝不迁就。

条约一旦签字，就是板上钉钉的事了，孩子不能耍赖，家长不许迁就。如果不是有什么非改不可的必要，家长和孩子都要雷打不动地执行下去。

（2）实施过程中不许中途反悔。

在执行中，孩子逐渐会出现懈怠或不满意的情绪，对于这种情况，家长要让孩子做到有始有终，鼓励孩子知难而进，不允许半途而废。

（3）自觉遵守，不能钻协议的空子。

有些孩子会琢磨小心思，想尽办法咬文嚼字，目的就是钻空子，让自己上网更宽松一些。这个时候，家长一定要确保协议的严肃性和权威性，警告孩子自觉遵守，不要企图钻空子。

（4）敢于揭发，勇于自首。

发现问题要敢于揭发，自己犯了错误要勇于自首，以诚恳的态度去对待协定。

（5）设立月度奖和年度奖。

针对协定的执行情况，家长进行每月一评活动，可以设立月度奖和年度奖，以鼓励孩子遵守协议的积极性。

附：初二学生冯炫炫家的上网协议

一、设置开机密码，单独在家不能上网，父母亲至少有一人在家，方可上网。

二、每晚完成全部作业之后,允许上网半小时。如八点半之前完不成作业,则取消当日的上网。

三、周末上网时间为每天一小时,中途必须休息十分钟。

四、如每天能够顺利完成家务,则周末奖励半个小时的上网时间。如完成不好,则扣除周末上网时间半小时。

五、除同学和亲友外,不许和其他陌生人聊天。特殊情况下需要聊天的,要由父母陪同。

如需下载软件或游戏,需要征得父母同意,确保安全方可下载。

 **好孩子需要好营养**
——让孩子听好歌、看好动画片

现在我来问大家一个问题:如今掉到蜜罐里的孩子,他们到底是幸福的还是不幸福的呢?

从表面看上去,这些孩子吃得好穿得好用得好,是家庭的中心,父母的宝贝,好像只有幸福,不应该有烦恼。如果这些孩子抱怨自己不幸福,你肯定会说他们是身在福中不知福。然而事实上,这些孩子内心的烦恼并不比我们当年的少,每个时代有每个时代的困惑和痛苦,对幸福的感受也是因人而异,我们觉得幸福的事情,对孩子来说则未必如此。

那么,孩子到底在苦恼什么呢?首先是压力过大。因为现代家庭孩子少,父母的期望就会相对较高,紧张的学习和父母的厚望压得孩子喘不过气来。此外,这些孩子在家中没有兄弟姐妹,这种缺憾导致内心的孤独,他们渴望与同伴交流,却又缺乏交往的机会和经验,所以变得异常苦闷。这两个方面的原因,把孩子推向了网络,他们或沉迷在游戏之中,让游戏来陪伴自己消磨时光,或疯狂地聊天交友,以此来排解内心的寂寞。

青少年正处于身心发育的不健全阶段，过度的游戏和无选择的聊天，都有可能影响到他们的身心健康。在这个关口，家长的引导显得尤为重要。在茫茫网海中，如何正确指导孩子上网，如何给孩子做好引路人，这是当代父母必须正视的一大课题。

温先生是一位心理辅导师，家里有一个刚上小学四年级的儿子。在平时，温先生很注意孩子的心理发育，经常抽时间和儿子交流、谈心，但他却忽略了孩子上网的有关问题，于是发生了下面一系列事件。

温先生家的电脑放在书房，平时用电脑比较多。儿子写完作业，看到爸爸不在房间，也会跑过来上上网。儿子大多数时候都是玩玩小游戏，所以温先生对他比较放心，很少过问他上网的事儿。有一个周末，温先生陪朋友应酬，回来晚了，正好他有一个重要文件要传，于是打开电脑。刚打开界面，他就发现电脑中毒了。温先生为了清理病毒，误删了一个重要的文件。他当时就慌了，在电脑前忙到半夜，也没彻底把病毒清掉。第二天，温先生去电脑维修公司向专业人士求救，人家告诉他，这台电脑中的是新型病毒，普通的杀毒软件不管用，必须把全部硬盘都格式化，才能够彻底清除病毒。这下，温先生的损失大了，他痛定思痛，决心查清病毒的来源。

温先生回忆了一下，当天他并没有碰过电脑，经过询问，从妻子口子得知，当晚儿子去过书房，并且打开过电脑。温先生初步确定，是儿子浏览了不良网站，从而感染了病毒。温先生是搞心理学的，马上意识到事情的严重性。经过严密的分析和慎重的思考,温先生决定不去追究这件事,而是积极介入儿子上网的过程,引导他正确地上网。

当时,央视的动画大片《秦时明月》正在热播,这部动画是根据历史故事改编的,剧情精彩,制作精良,具有极高的可观赏性。温先生看到儿子很爱看《秦时明月》,就打算从这部动画片入手,来教给儿子如何上网。

晚饭后,温先生哼起了《月光》,这首歌正是《秦时明月》的片尾曲。儿子马上就听出来了,他打趣说:"爸爸,你们大人也唱动画片里的歌呀?"温先生说:"当然啦,只要歌好听,小孩子的歌大人也能唱。"儿子说:"爸爸,你刚才有两句唱错了!"温先生故作惊讶地说:"是吗?我觉得没问题啊!要不,咱们去网上搜搜这首歌,听听看!"儿子一听可以上网,马上飞奔到电脑前,温先生和儿子一起坐下来,帮助他搜出了这首歌。父子俩一起认真地听了一遍,确实是爸爸唱错了。

儿子对这件事表现出了很大的兴趣,温先生告诉儿子,他还可以建一个自己的文件夹,把喜欢的歌全都放进去,连自己喜欢的动画片,也可以下载到电脑里。儿子一听,大喜过望,当即开始在网上搜罗音乐和动画片,扬言要建一个自己的资料库。

如今,在温先生的带领下,儿子已经完全做到了上网正常化,每次写完作业之后,经过爸爸的允许,儿子就会打开电脑去听听自己喜欢的歌,看看自己喜欢的动画或电影。看到儿子乐在其中,温先生悬着的那颗心终于放下了。

孩子的内心就像一片田地,你不用健康的庄稼去占领,就必然会长满蓬蒿和杂草。有营养的音乐、动画、电影或图书就像庄稼,而那些让人沉迷的游戏以及不健康的网站信息就像蓬蒿和杂草,我们一定要在这场争夺战中取得胜利!

 ## 合理安排游戏时间，让孩子养成好习惯

  网络是一把双刃剑，它给我们提供了工作、休闲娱乐的便利，同时也带来了包括游戏、不良信息及网络诈骗等各种危害。因为网络，越来越多的家长发现孩子开始出现各种问题，比如孩子视力越来越差，孩子迷恋网络无心学习，等等，这些问题都是上网时间过长带来的副作用。

  让孩子既能开心上网，又不伤害眼睛、迷恋成瘾，这是每一位家长发自内心的愿望。然而，由于我们没能及时管好孩子上网的频率和时间，导致孩子沦为网络的牺牲品。这真是想起来就令人悲伤的事情，对一个家庭来说，这简直就是一场灾难！

  孩子的沦落，大都因为不合理的游戏时间造成的。要想保证孩子的学习、休息、娱乐三不误，就要合理安排孩子的上网时间，科学地掌握他们上网的时间与时长，让孩子学会自我控制和自我调节，由疯狂上网变成有序上网。

  如何才能科学上网，合理安排上网时间呢？下面这些原则要遵守。

1. 以不影响学习为基础，先学习后游戏

八岁的蒙蒙被妈妈娇惯坏了，每次放学以后，第一件事就是打游戏，作业什么的都得往后放一放。结果，蒙蒙因为玩游戏而耗尽了精力，到了该写作业的时候，常常会打瞌睡。这样过了一段时间，蒙蒙的学习成绩明显下降。妈妈决心帮蒙蒙改掉坏习惯，规定他每天放学后要先写完作业才可以玩游戏。经过调整之后，蒙蒙的作业质量明显提高，考试成绩也上去了。

2. 以不影响休息为前提，临睡觉前不玩游戏

宣宣的习惯是，每天晚上洗完澡，上床之前玩一会儿游戏，然后才去睡觉。结果呢，宣宣由于玩游戏太投入，大脑处于极度兴奋状态，即使关机躺在床上，意识还沉浸在游戏之中，虽然小小年纪，却总是失眠。妈妈搞清原因后，及时调整了宣宣游戏的时间，睡觉前不再让他接触游戏，果然宣宣的失眠症不治自愈。

3. 为防止沉迷上瘾，游戏时间不宜过长

高中生范超最近因为游戏成瘾，影响了学习成绩，期末考试排到了倒数十名。范超习惯在周末晚上上网，夜里家中比较安静，范超游戏时非常投入。这样静谧的环境，使得范超很快就对游戏入了迷，忘记了时间，一玩就是几个小时。后来，父母把范超游戏时间安排到周末下午，爸爸妈妈陪在身边，及时提醒他注意时间。

4. 为了身体着想，吃饭时间不玩游戏

乾乾喜欢在吃饭的时候玩游戏，妈妈叫破了嗓子，他也不肯回到餐桌上，有时候匆匆吃几口饭，顾不上喝汤，就又忙

着去打游戏了,从来没有好好吃过一顿饭。暑假的时候,乾乾忽然肚子痛,经过检查,确诊乾乾是患了消化不良。医生说,这都是平时不好好吃饭造成的,建议给孩子一个安静的进餐环境,不要干扰孩子的注意力,让孩子养成良好的进食习惯。

5.游戏超过半小时,必须中途休息

娅娅玩游戏的时候常常超时,有时候会一连玩上两个小时。有一次上课的时候,娅娅发现自己忽然看不清黑板了,经过检查才知道,娅娅因为用眼过度,造成了假性近视。从那以后,妈妈再也不许娅娅长时间上网了,只要超过半个小时,必须下网休息。由于调整及时,娅娅的视力正在逐渐恢复。

6.考试前不安排游戏

方闽每天有固定的上网时间,从不间断。有一次,期末考试就要到了,妈妈建议他加紧备考,暂时不要上网打游戏了,可是方闽我行我素,坚持上网,结果影响了复习,考试成绩很不理想。事后方闽在日记中写道:"考试前需要集中精力,打游戏太费神了,我因为它分散了精力,所以没有发挥好。以后要记住这个教训,考试前不再为游戏分心了。"

7.养病期间不要玩游戏

子楠从小体质就弱,有一次感冒了,咳嗽发烧,一周也不见好。在子楠养病期间,妈妈担心她闷在家里无聊,就让她用游戏来消磨时间。子楠打游戏时精神还可以,打完游戏情况反而更糟了。原来,生病的孩子最需要静养,打游戏看似轻松,其实却费神耗力,如果把玩游戏当作养病时的消遣,反而更容易产生疲劳,不利于身体的恢复。

 **做好孩子的"把关人"**

网络就像一个炫目的窗口,从这里可以探索万事万物,通过浏览网站,孩子能够获取海量信息,以最快捷的方式了解大千世界。但网络上同样存在大量垃圾信息,严重耗费孩子的时间和精力。而且,某些人抱着不可告人的目的,通过网络传播不健康的东西,一旦孩子接触到这类内容,就有可能"感染病毒"。

作为父母,我们必须认识到——孩子的自制力和辨别力都是有限的,面对复杂的网络世界,很容易误入歧途。为此,很多家长呼吁有关部门净化网络环境,让网络变成绿色世界,然而网络就像一个浩瀚的海洋,想要一夜之间清除毒草,谈何容易!家长们与其坐等,不如行动。作为父母,我们一定要正确引导孩子上网冲浪,做好孩子的把关人,不让孩子接触那些杂七杂八的网站,教孩子绿色上网,让他们在健康的网络世界快乐徜徉。

小智平时喜欢在网上四处闲逛,有时候看看动画片,有时候玩玩小游戏。有一次，他搜到一个游戏，刚刚进入页面，就弹出来一个大大的窗口，上面是一个赤身裸体的女人，正在做出各种不雅的姿势，还向他频频招手。与此同时，窗口上又弹出一行醒目的大字——未成年人禁止点击。这一下反而吊起了小智的胃口，他毫不犹豫地点击进入，这时页面提醒他输入手机号码，小智没有手机，就把爸爸的手机号码输了上去。随后页面提醒他需要付费观看，小智折腾了半天，就是想看看这里面是些什么东西，所以不加思考地确认了。

  页面终于打开了，全都是一些黄色图片，小智翻来翻去，觉得没有想象中好玩儿，就打算关闭。这时麻烦出现了，小智刚关掉一个页面，随后又会弹出另一个页面。小智手忙脚乱地关呀关，这些画面却越来越多。小智吓坏了，不知道如何是好，这时候他听到了妈妈进屋的声音，情急之下，直接拔掉了电源。

  当晚，妈妈想要逛淘宝买衣服，打开电脑之后，屏幕上全都是些不堪入目的画面，妈妈当即明白了是怎么回事。妈妈感觉很痛心，她没想到，10岁大的儿子居然会去看这些东西。痛定思痛，妈妈决定减少自己娱乐的时间，多抽出时间陪陪孩子，守好网络这道关口，再也不能让孩子受到不良信息的污染了。

  对于发育期的孩子来说，**不良网站就像一个个黑色陷阱，时时都有可能让孩子陷进去**。很多孩子的堕落，都是从偶尔的一次浏览色情网站开始的。孩子年轻小，好奇心强，他们没有过错，错的是家长没有做好孩子的领路人和把关人。孩子健康上网，关键要靠父母引导，我们必须要保持谨慎，把握孩子上网的质、量和度，决不能不问不闻，放任自流。

1. 抽出时间陪孩子上网，亲自传道授业解惑

网络上的东西太杂太乱，孩子一不小心就会落入不良网站的魔掌，如何才能避免呢？我们要做有心的家长，最好亲自陪同孩子上网。在孩子浏览网页或玩游戏的过程中，随时进行现场指导，教给孩子一些安全上网的知识。

2. 担任孩子的杀毒大使，肩负起披荆斩棘的任务

孩子上网的时候，家长要亲自上阵，做好监督工作，及时屏蔽不良信息，对于不健康的网站，必须果断关闭，不能让孩子的好奇心无限制地泛滥。

3. 用绿色软件来做清道夫，帮孩子屏蔽那些不良网站

如果家长不能随时陪同孩子上网，可以尝试安装绿色软件，帮孩子过滤掉可疑网站。随着科技的发展，无论电脑还是手机，这类软件越来越多，在某种程度上还是相当有效的。

4. 对孩子进行扫盲教育，教他们识别不良网站

涉及色情、暴力、赌博、反动的网站，都是危险的，里面藏着不法分子诈骗的各种圈套，父母一定要教孩子远离这些网站，不给不法分子以可乘之机。

5. 做好孩子的思想工作，让孩子学会自觉止步

再好的监督，都不如自我监督。所以，父母要让孩子树立正确的上网观念，不以猎奇和寻求刺激为目的，学会自我保护，在不良网站面前自觉止步。

6.经常查看孩子的上网记录，发现问题及时解决

为确保孩子的身心健康不受侵害，家长要时刻保持警觉，经常查看孩子的上网记录，发现问题及时解决。稍微懂点电脑知识的家长，都知道通过浏览器历史记录可以查看，而孩子则往往不太懂得将历史痕迹删除。他们哪个月哪一天登录了什么网站，看了什么网页，玩了什么游戏，都一目了然。

7.走大道，避小道，引导孩子多浏览阳光网站

家长要学会善用网络，引导孩子去启发性强、知识性强、趣味性强的网站浏览，带孩子绕开险峻的深谷，引导孩子走上阳光大道。

第六章

堵不如疏
——看管得越紧，孩子陷得越深

我们中国人都知道大禹治水的神话传说，这个故事教给我们一个道理，那就是——堵不如疏，这个方法同样可以应用到家庭教育中来。在有关孩子上网和游戏这个问题上，我们一定要注意方式和方法。具体应该怎么做呢？请翻开本章，让我们一起学几招实用策略。

 **禁果分外甜**
——父母越禁止，孩子越想玩

凡是翻过《圣经》的人，应该都知道伊甸园的故事。当初，亚当和夏娃快乐地生活在伊甸园中，他们无忧无虑、天真烂漫，对那颗智慧树视而不见，从来没有动过偷果子的心思。后来，上帝担心他们会犯错，就一再叮嘱他们不许碰智慧树，称智慧树上的果实是禁果。

经上帝再三明令禁止之后，亚当和夏娃反倒对那棵树生出好奇之心。上帝的禁令越严格，他们偷尝禁果的愿望就越强烈。终于有一天，他们在好奇心的驱使下偷食了禁果，犯下了大错。

在心理学上，这种由禁果而引发的逆反现象，被称为"禁果效应"。人类内心深处有一种下意识的对抗情绪，如果对方的态度过于强硬，自己就会主动维护被伤害的自尊心，从而与对方产生对抗。相比之下，处于青春期的孩子更容易产生禁果效应。如果家长不注意自身的态度，则很容易刺激孩子敏感的神经，于是就会出现"你让往东，我偏往西"的现象，家长口中的"不许"越多，孩子对着干的可能性就越大。

父母对待游戏的态度，同样会出现"禁果效应"。有些家长认为游戏百害而无一利，于是不由分说地对孩子实施断网。有的孩子会为此闹起来，这时家长会拿出很多理由去应付，比如："网上尽是些不好的东西，慢慢就跟着学坏了！""玩游戏有什么好？干点什么都比上网强！"家长的这些所谓的戒网理由，只会激起孩子更强的好奇心，"看爸爸妈妈这么戒备，网上究竟有些什么呢？"同时，家长的这些蛮不讲理的硬性规定，还会激起发孩子的逆反抗争心理："玩游戏怎么不好了？我偏偏要试试看！"这样做的结果是，父母越禁止，孩子越想玩儿；父母的手段越强硬，孩子的网瘾就越大。

> 齐齐的妈妈对网络游戏抱有很深的成见，总是担心孩子会落入网络的"虎口"。所以，齐齐家的电脑买了好多年，却没有安装任何游戏。齐齐的好多小朋友都玩游戏，他们谈论游戏的时候，齐齐感到很好奇。有一天，齐齐向妈妈提出要求，要装一个"找茬"游戏。这个游戏就是我们所说的"找不同"，是非常流行的益智游戏。妈妈听了，照例还是不允许，认为凡是游戏都是有害的，这让齐齐感觉非常气愤。
>
> 有一次，齐齐妈使用电脑的时候，发现桌面上有许多游戏图标。她点开一看，里面全都是恶作剧的小游戏，其中一个游戏居然是课堂上如何给老师使坏，还有一个游戏是撩女生的裙子。妈妈看了，恼羞成怒，她没想到儿子居然敢公然挑衅自己。

第二天，齐齐妈跟同事云姨说起这件事。云姨说："我的做法正好跟你相反，我从来没有过分限制孩子上网玩游戏。"妈妈不解地问："你不禁止孩子上网？那孩子岂不是要玩疯了吗？"云姨告诉妈妈，她虽然没有做过特别的限制，但也有一定的约束，就这样她的孩子至今也没有染上网瘾。妈妈对此大感不解，当场向云姨取经。

云姨说："自古以来，人们都认为禁果是最甜的，越是得不到的东西，越是好的。我们不许孩子触网，不许孩子玩游戏，于是在孩子眼里，游戏就成了最神奇的禁果。不亲自试一试，这份渴望就永远放不下。要是我们从一开始就对网络采取淡然的态度，让孩子有机会接触网络和游戏，他们反倒不会表现得那样迫切了。在那些政策相对宽松的家庭里，孩子对游戏大多是拿得起、放得下，不用咱们家长过多操心。"

云姨的一席话，让齐齐妈彻底改变了看法。从那以后，齐齐妈改变了一刀切的做法，开始允许齐齐玩一些益智类游戏。自从妈妈取消了管制之后，齐齐反倒不太热衷于谈论游戏了，他跟小朋友说："这个游戏我们家也有，我感觉没有什么好玩儿的！"

我们中国人都知道大禹治水的神话传说，这个故事教给我们一个道理，那就是——堵不如疏，这个方法同样可以应用到家庭教育中来。在有关孩子上网和游戏这个问题上，我们一定要注意方式和方法，要疏导，不要截流，这样才能尽量避免禁果效应的发生。

1. 对孩子的好奇心，要适当给予满足

当孩子谈论起网络的时候，家长不要制止他，对于孩子的有关问题，要及时地给予解答。

2. 拒绝孩子的要求，要耐心说明理由

当孩子提出要上网玩游戏的时候，你可以选择允许，也可以选择拒绝，这样做的前提是，你必须给孩子一个充分的理由。你要动之以情，晓之以理，让孩子心服口服。

3. 对孩子强烈的游戏欲望，要"择其易者而为之"

什么叫"择其易者而为之"？就是选择容易简单的让他玩一玩。当孩子一心想玩游戏的时候，不要让他玩容易沉迷的大游戏，可以允许孩子玩玩小游戏，用替代品的方法缓解孩子对游戏的渴望，这样既解了游戏的瘾，又不至于过度沉迷。

4. 家长陪同，带孩子揭开网络的神秘面纱

要想解除网络在孩子心目中的神秘感，莫过于带孩子亲历一番。在家长的陪同下，孩子能够健康地深入网络世界，了解神秘的网络究竟是什么。

5. 用"此处风光好"的旗子换下"严禁涉足"的禁令

积极引导孩子浏览健康的网站，引导他们接触有益的游戏，告诉他们这些都是好的，让他们知道"此处风光好"，这比总是提醒他们"这里严禁涉足""这里危险"等更有价值。如果你总是发出禁令，孩子必然会朝着禁令的方向沦落。

水至清则无鱼
——过于单纯会让孩子心智幼稚

小米的妈妈是个尽职尽责的妈妈,她感觉现在这个社会太复杂了,总担心孩子会受到伤害,所以尽最大可能地把女儿保护起来。为了让小米有一个纯净无瑕的成长环境,家里的电脑至今没有连接网络,一直放在书房,形同虚设。另外,在妈妈的严格管束下,小米几乎没有交友的机会,因为妈妈不相信别的小孩子,担心他们会把女儿带坏。每到周末的时候,妈妈带小米出去玩儿,别的孩子不管认识或不认识,都会扎堆在一起,玩得兴高采烈。遇到这种情况,妈妈会把小米带得远远的,好像那些孩子是传染病群体。

小米上了一年级之后,妈妈请求老师把小米的座位单独安排在角落里,没有同桌,也没有邻桌。小米看到别的孩子和同桌说说笑笑,感觉自己很孤独。妈妈却说:"要同桌干什么?谁知道他们是什么家庭背景?谁知道他们是不是游戏迷?交往的人越多,越容易学坏!"就这样,一个学期过去了,小米还是生活在自己的世界里,没有交到一个朋友。

第二年,学校开设了多媒体课,其他的孩子在家都玩过电脑,所以对课程的接受能力特别强,只有小米是从来没有碰过电脑的,也没有接触过网络,所以小米坐到多媒体教室里就好像一个小傻瓜一样,什么都不懂,什么都不会。多媒体课的电脑是两个人共用一台,同学们谁也不愿意和小米坐在一起,这更加重了小米的自卑感。

老师发现了这个问题,就把小米的妈妈找来谈话。小米妈妈仍然坚持自己的观点,认为孩子必须要生活在无菌的环境里,才能永保无虞。老师告诉她,孩子就像小草一样,应该放到自然环境中去锻炼,学会自己捕捉阳光、汲取雨露,学会自己抗击风霜、抵御病害。孩子总有一天会长大,家长总有一天会变老,我们不可能一辈子守在孩子身边做保护神,总有一天要把他们放归山林,到那时候,孩子骤然离开温室,又如何能够适应环境呢?

小米妈妈听过这番话,有所触动和感悟,经过一段时间的思考,她决定把孩子从套子里解放出来,让她融入班级群体中去,及早去适应社会环境。事实证明,小米的适应能力是相当强的,没几天时间,她就和自己的新同桌打得火热。随着和同学日益接近,小米的性格变得越来越开朗。在小米要求下,妈妈终于接通了网络,这样小米在周末时候,也可以上网玩一会儿游戏了。现在,小米已经是一个非常自信的学生了,她和同学们一起学习,一起聊动画、聊游戏，过得开心又健康。

中国有句古话叫作"水至清则无鱼"。意思就是，太清澈的水里没有鱼。因为水太清，意味着没有各种藻类、菌类生物，鱼就失去了赖以生存的环境，从而无法存活。为了让孩子有一个良好的成长环境，家长普遍呼吁净化网络，在一定程度上确实有这么做的必要。但在净化网络的具体做法上，部分家长有些过头，他们坚持认为，网络信息鱼龙混杂，必须彻底斩断，把孩子闭塞在小家庭、小环境中，给孩子打造清静无忧的成长空间，让孩子保持纯净无瑕的状态。

世间万物都是混合的，阴阳交错，有好人就有坏人，如果孩子在真空中长大，那是非常危险的。著名相声演员郭德纲说："吃亏要趁早，一帆风顺不是什么好事，从小到大娇生惯养，没人跟他说过什么狠话，六十五岁走在大街上，有人瞪他一眼当时就猝死。有人从出生就挨打，一天八个嘴巴，到二十五岁铁罗汉活金刚一样，什么都不在乎。"同样道理，如果生活环境过于纯净，孩子就会变得很傻很天真，一旦面对网络，就会经受不住各种诱惑，成为网络诈骗收割的"韭菜"和围猎的"小白兔"。

要知道，在如今网络时代，智能手机成为随身携带的工具，成为我们获取知识的重要渠道。如果孩子对这些东西丝毫不懂，必定影响他们未来的发展。泥沙俱下、鱼龙混杂的环境，可以丰富和强大孩子的内心，让孩子更有生命力和竞争力。如果你想让自家的孩子拥有搏击风雨的能力，就不可将他置身在真空世界。他需要在复杂的人群中去体验、见识,从而学习和进步。

作为父母,我们一定要明白:一个孩子要想全面发展,需要接触社会的方方面面,不仅要知道阳光的一面,还要了解黑暗的一面。这样一来,孩子就具备了强大的判断力和生存力。哪怕外界暴风雨来得再猛烈,他们也能轻松应对。

 **拒绝暴力**
　　——粗暴封网，斩杀孩子的求知欲

　　在生活中，大多父母都是有教养的，待人接物、言谈举止都谦恭有加、温和有礼。然而，这些翩翩君子和优雅女士回到家，面对孩子的时候，却往往是另一番模样。在孩子面前，他们往往会摆架子、装威严，高高在上。孩子犯了错，他们的忍耐十分有限，要么大声叱责，要么挖苦讽刺；有的家长还对孩子实行家暴，动辄打骂，完全是一派暴君的做法。

　　面对孩子的网瘾游戏瘾，很多父母不由分说，上来就是"三板斧"。第一斧：冲上前，对孩子劈头盖脸训斥一通；第二斧：关机、断网、拔电线，当场给孩子来个下马威；第三斧：撤走电脑，没收手机，封锁网络，斩断孩子的所有念头……这三把斧确实耍得威风，看上去孩子是被唬住了，没网可上了，从此天下太平了。可是，令人意想不到的事情还在后面。不信，请看下面的案例——

　　　　黎先生有一个11岁的儿子，叫冲冲，今年上五年级。冲冲最近上网的次数比较多，引起了爸爸的警惕。有一次，冲冲写完作业,没等爸爸检查完,就跑去上网了,这令黎先生十分恼火。凑巧的是,冲冲当天的作业错题比较多,于是黎先生发威了。他冲进书房,二话不说,直接拔掉电源,然后朝冲冲大声吼道:"错了这么多还玩?今后不许你碰电脑!"

冲冲当时就被吓坏了,乖乖地回到自己房间,老老实实地把错题改完。第二天,冲冲写完了作业,认真检查了一遍,确定没有出错,这才走进书房。冲冲打开电脑,发现网络连接不上了,他试了几遍,还是无法连接。冲冲跑过去向爸爸报告,黎先生不动声色地说:"连接不上就对了,我今天已经去电信公司把网线断了。"冲冲申辩说:"今天的作业是写电影读后感,老师让我们上网查资料!"黎先生说:"你自己没看过电影吗?怎么还去网上查?少给我在这儿找借口,自己回屋写作文去!"冲冲说:"你不许我上网查资料,我写不出来!"黎先生生气地说:"写不来自己憋着!"冲冲看上网无望,闷闷不乐地走开了。

以后几天,冲冲果然变得安生了,每天写完作业就去睡觉,绝口不提网络的事儿了。黎先生觉得自己这招挺管用,得意地跟同事说起这件事。同事提醒他:"你这样下狠手,小心逼上梁山啊!"黎先生说:"不会的,我看他这几天挺老实的。"同事说:"太老实了也有点反常啊,你还是小心点好。"黎先生自信已经制服冲冲,没有把同事的话放在心上。

第二天,到了该放学的时间,冲冲却没有按时回家。

又过了半个小时，冲冲还是还没有回来。黎先生不放心，就迎着路去接孩子，快到学校的时候，看到冲冲一个人从一家小网吧里钻出来。黎先生再也按捺不住心中的怒火，冲上去一巴掌打到冲冲的脸上，骂道："你无法无天了，居然敢去网吧！"这时候，许多刚放学的学生围了过来。冲冲感觉受到莫大的耻辱，他举着手里的一张纸，哭喊道："都是因为你不许上网，害得我那天没有完成作业！刚才我去网吧上网，抄了一份剧情梗概，要不然，电影的观后感还是没法写！"黎先生听了冲冲的话，心中懊悔不已。

在家庭教育中，家长有一个通病，那就是——行事过于武断专横，常常忽略孩子的感受，从而伤害孩子的自尊心。俄国著名文学家托尔斯泰说："一切暴力都可以不经斗争就使对方屈服，却不能使对方顺从。"的确如此，孩子的心灵很脆弱，如果父母强行镇压，可能会激发他们的逆反心理，让孩子揭竿而起，投奔网吧。这样的结果，绝对不是我们想要的。

如今网络已经渗透社会各个角落，想让孩子完全与网络隔绝，这是根本不现实的。不得不承认，现在孩子的很多学习，都是依靠网络进行的，如果强行封网，就会遏制孩子求知的动力。一旦孩子被阻塞了视听，就会变成闷头葫芦和井底之蛙。毫无疑问，这些做法都不利于孩子的健康成长。

要想改掉粗暴的坏习惯，父母最好从以下几点做起。

1.用温和的劝诫来代替呵斥和怒骂。

2.讲道理，摆理由，而不是粗暴地断网、封网。
3.有话好好说，亲子之间要相互尊重和理解。
4.让孩子学会自我控制，由他律变为自律。

 **培养孩子的自控能力和自制能力**

说起网络，家长往往会喜忧参半，有些期待，又有些担心。期待的是孩子能够很好地运用网络提升自我。毕竟在网络时代，每个孩子都应该与时俱进。但担心的是孩子会被不良信息带坏，或者游戏成瘾。正因为此，很多家长防孩子上网就像防贼一样。日防夜防，孩子虽然一时乖顺，却并非打心眼里认可。一旦离开你的身边，没有了你的监护，他们还会如此"规矩"吗？

很多孩子上了初中、高中，终于离开父母管束时，开始像脱笼的小鸟，一心朝着"自由"飞翔。当身边同龄人聊游戏或谈网上新鲜事时，他们也开始想入非非、蠢蠢欲动。这时如果有人怂恿，他们就会堕入网海、走火入魔。

一味禁止孩子上网，结果往往事与愿违、事倍功半。反过来，如果我们能够认清形势，给孩子上网自由的同时，教给他自我控制和自我约束的方法，让他自己能够在网海中驾驭自我，这难道不是更加人性化的解决之道吗？

在上网这个问题上，我们要相信孩子自己能够做好。没有孩子愿意自甘堕落，对于预防网瘾这件事，孩子大都有比较清醒的认识。在初中某班的黑板报上，孩子自发创建了一个文明上网的版块，上面登出许多网络危害的知识。孩子之所以搞这个专栏，说明他们对网络的危害有一定的警惕性。

有些细心的孩子，会给自己制作小卡片，上面写着风趣幽默的防网瘾口号。这些口号五花八门，有劝诫的，有倡导的，有忏悔的，有激励的，林林总总，无不体现着孩子向上的决心。这些卡片上写着诸如："学习尚需努力，网吧千万别去""上网有尺度，不把年华误""上网时间长，两眼雾茫茫""经一次网吧，留一个伤疤""网吧向你招手，谁去谁是小狗"……这些卡片在孩子们中间是相当流行的。他们将这些卡片戏称为"辟邪剑谱"，或者叫"金钟铁布衫"，把它们当作神功秘籍一样来相互传阅，宣传效果相当不错。

在班会或晚会上，孩子们还会根据切身体会，把有关网瘾和游戏迷的段子编进小品和相声里。孩子们自发组织这样的演出，说明自身能够认识到网瘾的危害，懂得积极应对来自网络的种种麻烦。

看到这里，你能说我们的孩子不会自我约束、没有自控能力吗？你看，他们把网络问题解决得多好啊！总之，在关于网络问题上，我们一定要给予孩子足够的信任，相信孩子能解决好自己的问题。作为父母，我们先对孩子上网采取顺其自然的态度，静观其变。接下来再适当放手，逐渐提高孩子的自我管理能力。我们帮助孩子树立正确的网络观，让他们保持敏锐的判断力，最终养成优秀的行为习惯，尽早实现独立上网。

 ## 把网络游戏"任务化"

面对孩子迷恋游戏的社会现象,很多父母为此感到担忧。在跟这些父母沟通中,他们纷纷向我反映各家孩子的情况。他们的话从不同侧面透射游戏在孩子心中所占据的地位。下面是一些父母反映的情况——

张先生说:"我家孩子自从接触网络那天开始,就对游戏特别感兴趣。我们和孩子的约定是:每天写完作业之后,可以玩一会儿游戏。结果呢,他每次写完了作业,第一句话先问'现在我可以打游戏了吧?'好像他就是为了打游戏才写作业的!"

颜女士说:"我家孩子对游戏的感情特别深,这一点让我很担心。他现在上初中了,课程比较紧,所以我们只允许他周末的时候玩一会儿游戏。这下可好,他从周一就开始盼着过周末,盼游戏跟盼亲人似的。弄得我都有点嫉妒了,我出差半个月,也没见他这么想过我!"

胡先生说:"女儿对游戏表现得很贪婪,约定了玩半个小时,到了时间她还舍不得下,总是故意往后拖延。要么说'等一等,过了这一关马上就结束',要么就说'我好像忘记保存了,等我再试一下'。结果这一等,半个小时就过去了。有时拖的时间太久,我们要强制关机,她就眼泪汪汪地哀求我们:'我再打一小会儿,就打一小会儿……'这孩子,我们真是拿她没办法了!"

孩子到底怎么了,难道个个都发疯了吗?事实上,这些孩子的表现是典型的网络渴求症。由于爸爸妈妈严格管制,孩子的游戏欲望长时间得不到满足,所以他们就会产生种种幻想,认定游戏是世上最好玩的。这种臆想,在我们大人身上也经常发生。有时候,我们因为工作忙,错过一场电影,于是就会想当然地觉得它是好电影,在心里把它想象得无比精彩,所以一直抱憾在心,一心想要一睹为快。时间越久,这种渴望越强烈。

这就是我们平时所说的"越是得不到的,越是好的"。家长限制越多,孩子的渴望情绪就越强烈。在这种状态下,一旦他们有机会接触到网络,就会表现出无比的贪婪,反倒更容易沉迷其中。只是孩子们不知道,他们固执坚持的未必是最该坚持的,正如柏拉图所说:"人生最遗憾的,莫过于轻易放弃了不该放弃的,固执地坚持了不该坚持的。"

我小时候,听人家说起皮蛋如何好吃,自己却一直没有机会吃到,于是就把皮蛋想象成世上最香的美味,对它魂牵梦萦、日思夜想。过生日那天,妈妈问我最想要的东西是什么?我回答说:"吃皮蛋!"爸爸买来了一兜皮蛋,我迫不及待地剥开，期待享受一次美味的大餐，结果皮蛋的味道太怪异了，根本不是我想象中的美味可口，甚至不如一只普通白水煮蛋好吃。我当时感觉很失落，因为自己朝思暮想的皮蛋，竟然不过如此。

孩子对于游戏的感情，也是如此。家长约束越多，他们与游戏的情结就越深，如果长时间地压抑，他们还会不自觉地把游戏当成一个神话，认为游戏是天下第一好玩的。既然孩子们认为，得不到的是最好的，那么我们不妨挑战一下传统观念，把"游戏禁约"改成"游戏任务"，让游戏成为一门功课，让上网变成一项任务，对孩子说："这是你的任务，你必须完成它！"这样做的话，会不会有不一样的结果呢？

> 冉冉喜欢玩游戏，可是妈妈管得特别严，每天只允许玩半个小时，冉冉对此深为不满，嘴里总是抱怨："我已经写完作业了，为什么不让多玩一会儿？"看着儿子愤愤不平的样子，妈妈觉得，与其这样每天求着他少玩游戏，还不如让他在游戏上栽个跟头、吃点亏，那时候，说不定他会自动疏远游戏呢！于是，妈妈找冉冉专门谈了一次话。
>
> 妈妈："冉冉，你特别喜欢玩游戏是吗？"
> 冉冉："那当然！"
> 妈妈："你这么喜欢玩游戏，能玩出点门道来吗？"
> 冉冉："怎么不能？你只要给我时间，我肯定能通关！"

妈妈："那好，这个周末我让你好好玩一回，把现在装的游戏通了关，这是我交给你的任务，你必须完成！给你两个小时，够吗？"

冉冉："太好了，没问题！你等着瞧吧！"

到了周末，冉冉煞有介事地坐在电脑前，他玩的虽然是个小游戏，可技术性却很强，要想通关，不是那么容易的。一个小时过去了，冉冉感觉有点累了，想喝点饮料，休息休息。他刚想挪地方，妈妈却在一旁催促："赶快接着玩吧，时间过去一半了！"冉冉只好继续坐下，接着玩儿。

玩到后来，游戏越来越难，冉冉感觉力不从心了。这时候，妈妈不断提醒他注意时间，冉冉感觉非常紧张。越到后来，冉冉感觉越吃力，他一点儿也觉不出游戏好玩了，一门心思想着快点结束任务……

有过这次经历之后，冉冉对游戏的看法彻底改变了。自从游戏变成任务，关于游戏的神话在冉冉心中彻底破灭了。如今，冉冉对游戏不再有那么高的热情了，他现在对游戏的态度很无所谓。为此，他还经常告诫小朋友："玩游戏跟上课差不多，没什么好玩儿的！"

你看，我们只需将游戏转化成一项"任务"或"功课"，孩子玩游戏的心情就会发生翻天覆地的变化！他们可能因此而彻底戒掉游戏，不得不说这一招既微妙又有效，值得广大父母借鉴和学习。

第七章

从游戏专家到技术专家
——父母这样引导孩子最智慧

孩子喜欢玩游戏并不可怕,关键是父母如何因势利导,利用孩子这股子疯劲儿,教他们主动研究和摸索。我们可以在游戏中培养孩子的动手能力,让游戏过程变成学习和创造的过程,让孩子从游戏专家不知不觉变成网络技术专家,成为未来的科学小达人!

 ## 让孩子明白电脑/手机不是一台游戏机

电脑和手机到底是什么东西呢?几乎每个人都知道,电脑的主要功能是用来办公和处理文件,手机的主要功能是为了通信。然而,大部分孩子却习惯于把"用电脑"说成是"玩电脑",把"用手机"说成是"玩手机",在他们眼里,电脑、手机和游戏机没有什么区别。电脑和手机最大的功用就是玩游戏。这种意识上的误区,导致孩子们根深蒂固的游戏情结,他们认为,家里有电脑和手机,玩游戏特别方便。如果家里有电脑和手机却限制玩游戏,孩子们就会因此而心生不满:"不许我玩游戏,那你们为什么还要买电脑和手机!"

思想决定意识,意识决定行为,行为决定习惯。要想改变孩子玩游戏的习惯,让孩子彻底斩断游戏情结,就要从根本上纠正他头脑里的错误认知。父母必须要让孩子明白,电脑和手机的功用还有很多,游戏娱乐只是其中微不足道的一项。我们可以跟孩子们这样来打一个比方:"假如说电脑/手机是一棵大树,那么打游戏就是树梢上的一小片叶子。如果你认定了这片叶子就能代表整棵大树,那就是一叶障目、以偏概全

了。"相信孩子明白了这个道理,就能将目光从游戏上转移,更好地看待和使用这些科技产品。

小希今年5岁了,她不管电脑不叫电脑,而叫"游戏机"。有一次,妈妈带小希去阿姨家做客,吃完饭之后,小希跑到阿姨跟前,郑重其事地问:"我想玩游戏机,你家有游戏机吗?"阿姨告诉小希:"我们家没有游戏机啊。"小希很鄙视地说:"你们家怎么会没有游戏机呢?我们家有两台!"

阿姨感觉很奇怪,就对小希的妈妈说:"你怎么会给孩子买两台游戏机呢?"妈妈笑着说:"我哪里有给她买游戏机啊,她只会用电脑打游戏,所以就认定了电脑是游戏机!"阿姨劝告说:"绝对不能让孩子有这种错误思想,你必须告诉她,电脑还有许多其他的用途。要不然,孩子以后接触电脑的机会越来越多,慢慢地她会形成一个习惯,只要一坐到电脑前,第一件事就是打开游戏。那时候,再想让她改,就难了。"

妈妈听了这番话,这才意识到事情的严重性,于是请求阿姨给出个主意。只见阿姨起身,把小希叫到了书房,她指着笔记本问道:"小希,你刚才说的游戏机,是不是这个呀?"小希拍着手笑道:"太好了,原来你家也有游戏机!"阿姨摇摇头说:"你搞错了,这不是游戏机,是笔记本电脑。"小希不以为意地说:"都一样,电脑就是游戏机!"

阿姨说："电脑和游戏机可不一样。我家的电脑，也可以打游戏，但是，我们很少用它玩游戏。"小希不解地问："不用它玩游戏，那你们用它干什么？"阿姨说："用它来干工作呀！"接着，阿姨坐下来打开电脑，从桌面上把Word文档的图标打开，告诉小希说："看到了吗？这是Word文档，是写东西用的，阿姨平时就用它来写文章。"阿姨又打开了一个财务软件图标，告诉小希："这个是记账用的软件，阿姨平时就是靠它来管理账目的。"小希指着一个阿里旺旺的图标说："我家游戏机上也有这个！"阿姨轻轻地拍了一下小希的脑袋，说："又搞错了，不是游戏机，是电脑！"然后，阿姨告诉小希，这个叫阿里旺旺，阿姨在淘宝网上开了家化妆品店，就是用它来卖货的。小希点点头，说："我明白了，电脑不光可以玩游戏，还可以干好多好多事！"阿姨笑着说："小希最聪明、最能干了，以后长大了，可以用电脑干更多的事！"

自从经过阿姨的一番点拨，小希再也不管电脑叫游戏机了。后来，小希再坐到电脑前，会把妈妈叫过来，指着电脑图标向妈妈问这问那，还要求妈妈教她怎么使用这些软件。

通过小希的案例我们可以看出，很多孩子并非是一开始就喜欢玩游戏的，更多原因是，他们自身对电脑的认识不够，家长又没有及时进行这方面的教导，所以他们就错误地把电脑和游戏捆绑在一起了。这种观念如果不及早纠正，只会导致更多游戏迷的产生。

为了帮助孩子纠正这种错误的观点,父母需要从以下方面入手——

1.让孩子知道电脑和手机是多功能机器

我们必须从小就跟孩子灌输正确的思想,不能让孩子片面地理解电脑和智能手机的功用。我们要告诉他们,电脑和手机是一部多功能的机器,人们可以用它来工作,也可以用它来学习。如果工作累了,或学习疲倦了,也可以用电脑和手机娱乐一下,比如说打打游戏、看看电影……总之,要让孩子明白,电脑和手机很能干,游戏只是一个不起眼的小把戏。

2.注重信息技术的培养,让孩子学会用电脑

在灌输正确观念的同时,我们还要积极对孩子进行技术方面的培养,不能让他的兴趣只停留在游戏方面。父母要让孩子学会更多的电脑和手机知识,学会更好地利用网络。我们可以利用网络之便,教给孩子如何搜索有用的信息,如何打字,如何画图,如何发电子邮件……通过这些学习,相信孩子会从一个游戏专家,变成一个全方位的技术专家。

 ## 让孩子明白"正事儿"和游戏娱乐之间的区别

事件一：6岁的菲菲正在电脑旁玩"化妆"小游戏，妈妈叫她吃晚饭，菲菲说："等一会再吃，我正在玩游戏呢！"妈妈说："先吃饭，吃完了饭再玩儿。"菲菲却说："先玩游戏，然后才吃饭。"妈妈问她："是吃饭重要，还是玩游戏重要呢？"菲菲理直气壮地说："当然是玩游戏重要！"

事件二：9岁的迪迪每天放学后，第一件事就是玩游戏，然后才是写作业。妈妈催他早点写作业，他却不满地说："不要打扰我啦，没看见我在玩游戏吗？"妈妈说："写作业才是正事儿，你要先写作业，然后才轮到玩游戏的事儿。"迪迪不同意妈妈是说法，他说："玩游戏也是正事儿，先玩游戏和先写作业都是一样的。"

事件三：周末上午，妈妈正在用电脑，小铮走过来推推妈妈，说："你让开一下，我要玩游戏了！"妈妈说："你等一等，妈妈正在查资料。"小铮却说："我和同学约好了一起上网的，你先让我玩儿。"妈妈说："你玩儿游

戏有什么要紧的，妈妈在干正事呢！"小铮争辩说："你查资料有什么重要的，我玩游戏也是正经事！"

上面的案例都是我们身边经常发生的事。在游戏问题上，孩子总是和家长持有不同的意见。许多孩子觉得，玩游戏是一件很重要的事儿，甚至超过了学习的重要性。这样一种危险的想法，不能不引起我们家长的高度警惕。任由这种思想泛滥，后果很严重！

不得不承认，现在孩子生活得确实有些孤单，他们的生活单调而枯燥，缺乏与同龄人交流的机会，爸爸妈妈也很少有时间陪他们，所以他们很容易把精力和情感放到游戏上，把上网娱乐当成生活中的重要伙伴。一旦孩子形成这样的思想，他们就会亲疏不分、主次颠倒，在生活中，把玩游戏放在第一的位置，其他都是次要的。这种思想如果不及时纠正，将会严重影响到他们的学习和生活，上网成瘾也将会不可避免地发生。

想要让孩子放下游戏，最重要的是教会孩子分清主次，要让孩子明白——游戏绝对不是生活的全部，只能算是生活中的一部分。此外，我们还要让孩子明白——游戏所占的这一部分，也并非是生活中最重要的，更不是生活的核心。在青少年阶段，生活的核心就是搞好学习，之后是要养成一个健康的身体，同时培养正确的世界观，最后才是游戏和娱乐。

对于青少年来说，做好自己的本分最重要。著名诗人郭小川说："在青春的世界里，沙粒要变成真珠，石头要化作黄金；青春的魅力，应当叫枯枝长出鲜果，沙漠布满森林；这才是青春的美，青春的快乐，青春的本分。"如果在游戏里蹉跎岁月，那就荒废了生命，酿成人生的悲剧。这些道理听起来很简单，可是真正实施起来却会大费周折。

想要彻底地让孩子改变思想，我们还需要从以下几点做起——

1.让孩子搞清楚哪些是正事儿

家长可以以一天的生活为例，让孩子知道哪些才是正事儿。首先要按时吃饭，这样才能保证每天有充足的营养；然后是按时上学、努力读书进步，这样才能够在学习中不断提高自己；再次是适当的锻炼和休息，这样才能够保持一个好身体；在所有这些做完之后，才是适当的娱乐和游戏，它的作用只能是——缓解疲劳、愉悦身心。

2.帮孩子养成先办正事儿的习惯

分清主次之后，我们还要帮孩子养成一个好的生活习惯，每天让正事先行，其他无关紧要的事靠后。比如说，放学回家后，第一件正事是写作业，只要作业没写完，就要为它一路开绿灯，其他所有的事都要绕行。作业写完，才轮得到其他事，可以选择读书、看电影、溜冰，或者玩玩游戏。

3.学习是主料，娱乐是辅料

父母要告诉孩子，生活就像是一顿大餐，学习永远是主料，娱乐只能算是辅料。缺少辅料，这道菜可能会不太好吃，但是，如果没有主料，这道菜根本就做不成。所以说，想要做出一道美味的菜肴，首先要保证有充足的主料，之后才是配备辅料。

4. 游戏不是生活的全部

很多孩子在生活中以娱乐中心,把游戏当成了生活的全部,这一点是必须要改变的。父母一定要让孩子明白一个道理——春天不播种,夏天就不生长,秋天就不能收获,冬天就不能品尝。这是一个成功的铁律。家长要根据每天的生活内容,帮孩子筛选出当天的中心项目,或者帮孩子把一天的生活排个顺序,帮他们算清楚游戏所占的百分比,让他们对游戏的分量有一个清醒的认识。

5. 娱乐的风头永远不能盖过正事儿

很多孩子把兴趣放在游戏上,认为学习是件苦差,是家长和老师硬砸给自己的。这种思想如果不纠正,孩子就会由主动学习变为被动学习,最终把学习当作一种额外的负担,导致学习心态消极,学习成绩下滑。对于这样的孩子,我们要让他们明白学习的重要性,让孩子自动地为学习加码,不能让娱乐占了上风。

6. 不要让孩子和游戏过分亲密

在平时,家长要注意限制孩子玩游戏的时间,让孩子和电脑、手机保持适当的距离,不让他们与这些电子产品形成亲密的关系。父母要帮孩子培养更多的兴趣,比如图书馆阅读、博物馆参观以及户外观光等,让他们渐渐疏远游戏。

 **给孩子安装一个儿童版的桌面或系统**

著名教育家、作家马卡连柯说:"用殴打来教育孩子,不过和类人猿教养它的后代相类似。"诚然,儿童教育是一个大课题,既然粗暴的武力收不到更好的效果,那么我们不妨尝试换一种柔和的方法,向孩子打出一张温情牌,教会孩子理性上网。

如何才能让孩子理性上网呢?正所谓:"魔高一尺,道高一丈。"这个世界就是这样,有需求必定会有相应的解决方案。一些聪明的商家,很早就体会到家长们的这种心情,于是竞相推出各种系列的软件,以此来为众多家长排忧解难。这些特别推出的软件,是专门为家有儿女的家庭设计的,它们具备很多新功能,一方面能够大大提高电脑和手机的学习功能,一方面又有最贴心的家庭管理模式,能够帮助家长们有效地控制游戏娱乐的时间和深度,让家长们在不动声色之中,将孩子的网络活动掌控手中。

这类儿童版的软件种类非常多,它们有一个共同的宗旨,那就是帮助家长为孩子创造更纯净的网络环境,帮孩子做到理性上网、健康上网。一般来说，这类软件具体功用体现在以下几个方面：①美化桌面，让桌面变得更温馨、更漂亮；②个性体现，把每个孩子的特长凸显出来；③童心再现，更富童趣；④纯净健康，无瑕网络；⑤贴心设置，防止误删；⑥温情监督，幕后管理；⑦良好诱导，正确指引；⑧学习功能，超强超大。

由于版本不同，这类软件偏重性各有不同，对此，家长们可以根据自己家庭的实际需要以及自家孩子的具体情况来选择。这里仅推荐几款好评率相对较高的，以备家长们参考。

1.家长控制功能，帮你实现"垂帘听政"

最新的Windows系统中，有一个内置的家长控制功能，用近乎神奇的手法，为家长们创造出一个更加轻松的监督环境，避免让孩子沉迷于大型游戏之中，大大提高了电脑的学习利用率。

有了这个系统，家长可以深深地体会到"网络我说了算"，你不仅可以控制孩子使用电脑的时间和时段，还可以精确限制孩子所玩游戏的类型和级别。有了它，你就再也不用为孩子对游戏上瘾而伤脑筋了。

2.360安全儿童桌面，给孩子一个纯净的网络

这是一款绝对安全的儿童模式，可以帮助屏蔽不适宜儿童浏览的内容，给孩子提供一个安全、纯净的网络环境。这个桌面有效规避了不良链接，孩子上网时，不必担心他会受到恶意的骚扰和诱引。上网安全了，孩子可以无忧无虑，父母自然也就放下了心。

3.奇奇儿童桌面,让电脑/手机摇身变为"知心妈妈"

这款桌面也是孩子们的最爱,它的操作界面都有儿童专属的小工具,清新可爱、活泼贴心。奇奇桌面还有许多专门针对儿童的特色功能,有动画提醒、垃圾过滤、页面锁定等。最为贴心的是,它可以防止孩子误操作和误删除,让家长更省心、更放心。

 **在游戏中发现孩子的人生天赋**

每个人来到世界上,都是独一无二的,正如李白所说:"天生我材必有用。"可以说,每个孩子都是天才,他们的天赋是与生俱来的。这些孩子之所以在成年后出现了差异,那是因为在他们成才过程中,一些孩子的天赋得到了很好的发挥,而另一些孩子的天赋却消失不见了。这些天赋有的被家长忽视了,有的被无意间转移了,或者干脆被扼杀。

孩子学习的方式有很多种,不仅仅在学校里、课堂上和书桌前。许多家长认为孩子玩游戏是虚度光阴,其实孩子在玩游戏时,正在以一种特殊的方式学习。关于游戏,德国教育家、现代学前教育鼻祖福禄贝尔认为:"游戏是儿童期最纯净也最具心灵性的活动……游戏、玩积木、造型等活动都是儿童最初的生产活动,这些最初的生产活动就像可爱的花朵正准备结成果实,而日后勤奋劳动的工作便是果实。"因此,游戏并不是罪不可赦。如果你是一个对游戏抱有偏见的家长,是时候把你的思想扭转过来了!

游戏本身是没有过错的,那些喜欢游戏的孩子也无所谓对错，事情发展的轨道完全掌握在家长的手中。如果你对孩子不问不闻听之任之，那么他很有可能沉迷其中、不能自拔，甚至分辨不出好的游戏和坏的游戏；如果你不分青红皂白硬性封杀，很可能会激起"叛变"，让孩子变得更沉沦、更叛逆。目前，解决这个问题最好的方法是，我们用心去观察，在游戏中发现孩子的自然禀赋，并因势利导，积极顺应孩子的这份"天赋之才"，为孩子的天赋提供适合生存的土壤，让孩子越玩越聪明，越玩越有出息。

冀女士对儿子阿畅上网的事特别关心。一般情况下，她都尽可能地陪孩子一起上网，孩子玩游戏，她就在一边儿兴致勃勃地看着。冀女士这样做，一是为了实施监督，二是为了适时提醒。除此之外，冀女士还有一个想法，搞清楚孩子喜欢什么样的游戏，擅长玩什么样的游戏，也想以此来发现孩子身上的未知"秘密"。

慢慢地，冀女士发现，阿畅最喜欢玩一个叫作"找茬儿"的游戏。冀女士还发现，阿畅之所以喜欢这个游戏，是因为玩这个游戏的时候，他赢得最多。"找茬儿"是一种小游戏，就是我们通常所说的"找不同"。随着游戏的深入，难度越来越大，时间越来越短，这对孩子的观察力是一个巨大的考验，但难不倒阿畅，他总能迅速指认出两幅图像的不同之处。

通过这类游戏，冀女士发现阿畅的过人之处。首先，阿畅的观察力非同一般。好多图像都很复杂，连冀女士也难分辨，可阿畅这孩子却能明察秋毫，足以证明他有着极为敏锐的观察力。另外，阿畅的瞬间记忆力非常强。游戏给予的分辨时间非常短，第一幅图画转瞬即逝，这对游戏者的短时记忆要求非常高。阿畅之所以能够屡屡得胜，说明他的瞬间记忆是超凡的。

有了这两大发现，冀女士感到非常兴奋。她说："游戏能够带给孩子快乐，也能够带给家长惊喜。一旦在游戏中发现了孩子的特长，我们就会感到特别欣慰。"如今，冀女士早已经计划好下一步的行动，她专门针对阿畅的天赋，制定好了一系列的培养计划。冀女士坚信，在不久的将来，阿畅就会从一个普通的游戏高手，一跃而成为天才少年。

每个孩子都是造物主给我们的恩赐，他们都是天使，都有自己非凡的一面。关键的问题是，我们是否是智慧的父母，有没有睿智的眼光，能不能及时地去发现孩子的这份天赋。法国思想家圣西门说："只有有天才的人，才能发现天才的幼芽，发展这些幼芽，并善意地给予他们以必要的援助。"如果你能做到这一点，你就是天才父母！

从某种意义上说，父母最重要的工作就是发现孩子的天赋，并促进孩子的天赋。下面是我总结的神童教育"三三秘诀"，有兴趣的家长不妨来读一读——

三多：多发现，多鼓励，多引导

在游戏中，父母要多发现孩子的优点，多鼓励孩子进步，多引导孩子在健康的游戏中展现和发展自己的特长,最终让这种天赋成为孩子一生的能力。

三少:少忽视,少否定,少打压

对孩子的天性要少忽视,对孩子的意见要少否定,对孩子的积极性要少打压。细心观察孩子爱玩的是什么游戏以及是如何玩游戏的,争取从中发现孩子与众不同的地方,并让他在生活中拥有同样的天赋和自信。

三个步骤:发掘,启发,诱导

鲁迅说:"天才并不是自生自长在深林荒野里的怪物,是由可以使天才生长的民众产生、长育出来的,所以没有这种民众,就没有天才。"天才的成长过程,离不开父母的深度发掘、合理启发和谆谆诱导。游戏是父母发掘孩子天赋的窗口,只要巧妙诱导,一切都将回归正途。

三个培养:培养观察力,培养想象力,培养创造力

在游戏中,父母要着重培养孩子的观察力、想象力和创造力。游戏只是一种工具,健康的游戏可以让孩子在虚拟中得到训练和提高。正如我们学开车之前,先进行一段的模拟训练,从某种意义上说,游戏甚至可以用于病人的康复治疗。

三个尽快:让孩子尽快成长,尽快成熟,尽快成才

智慧的父母,一定会运用合理的方式和方法,对孩子进行因势利导、因材施教,使自己的孩子尽快成长、尽快成熟、尽快成才。孩子的天赋就像电光石火稍纵即逝,如果不及时捕捉,很快就会消失于茫茫夜空,给家长留下无尽的遗憾。

 **利用游戏培养孩子的动手能力**

"你总知道玩儿,玩能教会你什么东西?"

我经常听到家长这样抱怨孩子。要知道,玩可是一门大学问。父母必须要认识到一个问题——玩儿,本身就是一种学习!我也经常听到老师这样反映:"某某同学很聪明,就是比较爱玩儿。"这话倒是说对了,爱玩的孩子就是聪明!

很多教育学家都提倡让孩子适当玩玩游戏。为什么呢?因为游戏有助于孩子潜能的开发。在游戏的过程中,孩子学会了一种非常特别的东西,那就是探索与创造。一个从小就善于探索和创造的孩子,以后注定会是一个不凡的人。

英国伦敦大学玛丽女王学院和伦敦大学曾经对72名志愿者玩《星际争霸》或者《模拟人生》前后进行了心理学测试,他们让志愿者在6至8周的时间里玩游戏累计时间40个小时。最后调查结果显示,测试者们在心理学测试方面的表现显著提高,灵活性、速度和精确性更好。对于这次研究,调研者Brian Glass说:"一旦我们了解之后,就可以成为治疗多动症或者创伤性脑损伤等疾病的临床医疗措施。"你看,游戏将有效应用于临床医学中。

关于游戏的益处,北卡罗来纳州立大学心理学教授杰森·阿莱尔(Jason Allaire)说:"不管是一个特殊的游戏,还是像《魔兽世界》这样的游戏,都需要一定的脑力和能力。每次玩这样的游戏,就意味着对脑力和能力的锻炼,就像你锻炼肌肉一样,持续规律的锻炼可以让你更强健。"所以,在不影响学习和生活的前提下,父母可以适当让孩子玩玩游戏。

听到这里,相信有些家长或许会说:"我们家孩子玩游戏都着了魔了,还谈什么益处呢?"孩子上瘾不可怕,现在关键的问题是,我们如何因势利导,利用孩子的这股子疯劲儿,教他们主动研究和摸索,在游戏中培养他们的动手能力,让游戏过程变成学习和创造的过程。如果你做到了这一点,孩子必将受益无穷!

小满今年12岁了,刚刚升上初一。妈妈觉得,孩子上中学了,生活和学习上都可以自主了,自己也可以放手不管了。妈妈放权没几天,就发现小满出现了异常:第一,小满在周末打游戏的时间加长了;第二,因为打游戏,小满睡觉的时间拖后了。发现这些问题之后,妈妈并没有像其他家长那样立即闹起来,而是沉着地观察孩子的一举一动。她发现,当小满玩足球小游戏的时候,他更关心游戏情节的设计。

有一次吃饭的时候,妈妈主动跟小满谈起了游戏的事。小满纳闷地说:"这些游戏到底是怎么搞出来的?无论我怎么射门,他都会马上扑出来。真赛场上的守门员,也不会反应这么快的。"妈妈说:"这就是道高一尺,魔高一丈。你可能出现什么动作,可能发起什么样的进攻,游戏的设计者都事先预料到了,并且设计好了相应的对策。所以,只要你一起脚,守门员就会准确地将球扑住,所以你永远也斗不过他们。"小满听了,感叹道:"我说我怎么老是不进球呢,原来是这样!"过了一会儿,他又说:"我以为是我在玩游戏,原来是游戏在玩我。"妈妈听到小满这话,赶紧接茬说:"那你就好好研究研究,把这游戏搞透。"小满有点沮丧地说:"我也不会编程序啊,怎么研究?"妈妈说:"复杂的咱不会,简单的还不好学吗?这个周末,我就教给你两手。"

其实,小满的妈妈也就是一个普通电脑爱好者,并不懂得编程,她之所以主动请师,就是为了要及时扭转孩子的兴趣,利用孩子的好奇心,教他学会探索和研究。到了周末,妈妈果然来授课了,她先让小满选一首自己最喜欢的歌曲,然后又让他选一些自己喜欢的图片,准备就绪之后,妈妈却不急着开始讲课,只见她把Flash的制作教程调了出来,然后她把小满一个人扔在了房间里,让他自己去折腾。

快到中午的时候,妈妈正在做饭,听到小满叫她过去。妈妈走进房间,小满兴奋地指着电脑,大声说:"快来看,我刚刚做好的动漫歌曲!"经过一个上午的摸索,小满果然无师自通,独立完成了一个Flash的制作。

千万不要小看孩子，不要对孩子玩游戏抱有太大偏见，他们在游戏中能够学到的东西比你知道的更多。关于孩子的潜能，《论语·子罕》中如是说："后生可畏，焉知来者之不如今也？"我们要相信孩子能够拥有更好的成长，他们一定能够超越今天的我们。

　　关于青少年的特质，心理学家一般分为三类：一类是无探究欲望者；一种是普通探究者；另一种是创造性探究者。第三类孩子不但好奇心强，而且更富有创造精神。喜欢玩游戏的孩子，大多属于第三类性格。相比之下，这类孩子的发展空间是最大的。因此，父母一定要利用孩子玩游戏的机会，为孩子提供自由探索和大胆想象的空间，用心去培养孩子的动手能力，激发他们勇于创造的精神。

第八章

管孩子玩游戏不能太老实
——父母控网五大攻略

父母管孩子玩游戏,真的不能太老实。要想有效控网,我们必须要懂一些攻略,让孩子领略自己的良苦用心,一切的目的就是为了让孩子远离游戏,更好地与网络相处。让我们翻开本章,看看哪些攻略是要牢记在心的。

# 近水楼台先得月
——电脑不要放在孩子房间里

如果我问大家：你家里有电脑吗？相信几乎所有人都会举手。的确，如今家家户户都有电脑，而且不止一台，然而，我们把电脑放在哪里好呢？如果你家有孩子，这就成了一个值得讨论的话题。我曾经就这个问题征询过朋友们的意见，他们当中大多数主张放在书房，因为电脑放在书房，相对比较安静，不会影响到孩子的休息。也有一部分人主张把电脑放在客厅，理由是客厅里人来人往，可以很方便地监督孩子上网。总之，在电脑放在哪里这个问题上，大家意见各不相同，可当我问起"电脑不能放在哪里"的时候，大家的意见却空前一致，几乎异口同声地说："电脑不可以放在孩子房间里！"

偏偏就有部分家长不走寻常路，为了表示对孩子的宠爱，他们在孩子房间里装上了电脑。这是极不明智的做法。古诗中有"近水楼台先得月"的句子，把电脑放在孩子房间里，孩子就有更多亲近游戏的机会，这就等于在小狗的旁边放了一根肉骨头，狗狗本来肚子不饿，可是有香喷喷的肉骨头在那里，狗狗还是会馋，根本禁不起这个诱惑。

那么，把电脑放在孩子房间里，究竟会产生哪些危害呢？我们一起来看看下面的"八不妥"，相信或多或少一定能够引起你的惊醒。

一不妥：把电脑放在孩子房间，等于给孩子创造方便上网的环境。 想想看，孩子一进房门就看到电脑，一看到电脑就忍不住想上网，如此一来，孩子玩游戏的时间不知不觉就增多了，对他们的学习、生活都会产生不利的影响。

二不妥：把电脑放在孩子房间，等于给孩子提供培育网瘾的温床。 电脑就在身边，本来没想上网的，也会顺手打开看一看。结果，一看就忍不住想玩儿，一玩儿就忘记了时间。一来二去的，玩游戏就成了一种习惯，过不了多久，网瘾就形成了。

三不妥：电脑放在孩子房间，不利于家长进行监督。 因为电脑是在孩子房间，所以孩子上起网来会感觉理直气壮："我的电脑嘛，我爱怎么玩儿就怎么玩儿！"由于房门是关着的，孩子是否在学习，玩的什么游戏，家长都不易察觉。

四不妥：电脑放在孩子房间，不方便家长及时指导。 孩子在封闭的空间里，独自面对大千网络，最容易陷入不良资讯的陷阱，也最容易在大型游戏中沦陷。所谓的"房门紧锁，深度诱惑""房门一关，无法无天"，就是如此。如果有家长在身边健康指导，这些事情都是可以避免的。

五不妥：电脑放在孩子房间，不利于上网时间的控制。 很多孩子上网的时候习惯关闭房门，创造出一个与世隔离的环境来。由于房门是紧闭着的，孩子不在家长的眼皮子底下，家长很容易会忽略掉房间里的孩子。结果呢，家长忙着自己的事，却忘记了孩子正在房间里，至于孩子从什么时候开始玩游戏的，玩了多久，就更加无从得知了。

六不妥：电脑房放在孩子房间里，不利于孩子性格的培养。电脑在自己房间里，无形中增加了孩子独处的机会，很多孩子取消了其他活动，足不出户，只是闷在屋里玩游戏，结果呢，孩子变得沉默寡言，性格乖僻，社交能力出现较大缺陷，小小年纪就成了"孤家寡人"。

七不妥：电脑放在孩子房间里，不利于亲情的培养。孩子贪恋房间里的电脑，整天有事没事儿赖在房间里，不到吃饭的时候，就绝不出来。这样无形之中少了和家长亲近的机会，使亲子关系变得淡漠、隔阂。

八不妥：电脑放在孩子房间里，容易让家长忽视自己的职责。很多家长只知道孩子是在房间里，却不清楚他是不是在学习，有的家长一厢情愿地想："孩子在房间里挺安静的，肯定是在写作业，我可以好好歇会了。"这是一种自欺欺人的心理，也是一种不负责任的行为，孩子和电脑在一起，我们不但要搞清楚孩子的状态，也要搞清楚电脑的状态，否则等孩子犯上严重的游戏瘾，眼睛高度近视，那就来不及了。

从以上"八不妥"，我们不难看出，把电脑放在孩子房间里，等于引"狼"入室，弊端多多。所以，我们一定要避免让孩子与电脑单独相处，减少他们独自上网的机会，做到未雨绸缪，防患于未然。

那么，电脑到底放到哪里适合呢？我的建议是，电脑要放在公共房间里，最佳的选择是放在客厅里。理由有以下几点：

1.客厅是家人活动的地方，孩子在这里上网，更利于亲子之间的沟通。

2.孩子在客厅上网，家长可以随时进行监督和提醒，包括他所浏览的网站，以及游戏的时间和时长，都可以做到即时监控。

3.在公共空间上网，孩子自身会有所收敛，不敢为所欲为。

上网不等于游戏上瘾
——让孩子养成正确上网习惯

很多家长纳闷:"孩子上网,到底在玩些什么呢?"

事实上,孩子上网,并非单单为了学习,娱乐才是他们的主要目的。说起孩子上网要做的事,无非听音乐、看视频,还有就是打游戏。毫无疑问,在所有网络活动中,玩游戏占的比重是最大的。于是很多家长开始担忧,想当然地认为,上网就是学习的对立面,孩子只要上网,肯定会影响学习。家长之所以会对此产生忧虑,因为没能对网络形成一个系统的认识。我们要明白——上网不等于游戏上瘾,只要帮孩子养成健康的上网习惯,孩子可以在网上做很多有意义的事。

鹏鹏今年刚刚10岁,小小年纪,已经有三年的网龄了。鹏鹏是从七岁开始上网的,在当时,鹏鹏的邻居们都表示不理解,不断有人提醒鹏鹏的父母:"这么小就让孩子上网,你们不怕他上瘾吗?"

鹏鹏的父母认为,孩子上了小学就有电脑课,这说明这个年龄的孩子已经可以接受计算机教育了。既然学校里安排了课程，家庭中也应该积极配合，共同把这项教育做好。至于邻居们所担心的事，爸爸妈妈早已经心中有数，他们认为，管理孩子要趁早、趁小，只要一开始就同孩子制定合理的上网计划，让他养成正确的上网习惯，孩子是不会染上网瘾的。

有了这样的想法之后，爸爸妈妈就开始了对鹏鹏的"网前教育"。他们告诉小鹏鹏，电脑是一个很神奇的东西，如果用得好，可以学到很多东西，做成很多事。如果用得不好，就会跟着它学坏，电脑成了教唆犯，自己也成了"小坏蛋"。七岁的小鹏鹏当即向爸爸妈妈保证："我要当好孩子，不要当小坏蛋！"爸爸妈妈利用小鹏鹏想当好孩子的心理，跟他约法三章，并暗示他，如果按照这个的"制度"去上网，成为一个好孩子是没问题的。

鹏鹏父母制定的相关上网政策是：①每次上网时间不超过半小时；②完成作业之前不去上网；③上网浏览时，要由爸爸妈妈陪同；④不玩大型游戏，不购买积分卡，等等。⑤争取每个月都学会一项新的电脑运用技巧；⑥把电脑同学习联系起来，假期的时候利用电脑学英语、学作文。

对于爸爸妈妈这些要求，小鹏鹏当场表示同意。随后，他就在爸爸妈妈的辅导下，开始了自己快乐的网络之旅。如今，鹏鹏已经是小学三年级的学生了，上网是他每天的必备功课。和其他孩子相比，鹏鹏在网上的自律性明显更高。他也上网，也玩游戏，但守时守纪，从不迷恋游戏。此外，鹏鹏的电脑操作技能明显高于其他孩子，如今他是班里计算机课的课代表，还是学校电脑小组的成员。

这个案例故事告诉我们，上网确实不等于上瘾。青少年正处于好学的年龄，好奇未知的世界，渴求新知识，这一切都可以通过网络去获取、满足。如果我们一味阻止孩子上网，那不就等于闭塞视听，切断他们学习的快捷路径吗？

为什么父母还是放心不下呢？这是因为孩子自控力较差，分辨能力还不高，家长担心他们在网络上跑偏，从而误入歧途，再也勒不住缰绳。可怜天下父母心，父母这样思考问题，并采取隔绝的方法，的确是无奈之举。

那么，到底有没有一个两全其美的方法，让孩子既能自由享受网络，又不至于对游戏产生依赖或上瘾呢？办法当然是有的，最根本的办法就是——从小关注孩子上网过程，逐步培养孩子健康上网意识，让孩子养成良好的上网习惯，让孩子在阳光下上网，在绿色中上网。

 ## 试着和孩子谈网上话题，让孩子觉得你也"懂"

对每个父母来说，孩子的上网问题时刻牵扯着敏感的神经。根据我国互联网络信息中心发布的《中国青少年上网行为调查报告》，中国青少年网民规模已达2.56亿，占整体网民的41.5%。可见，青少年群体占比惊人。

这么多青少年上网到底都在干些什么呢？据《中国青少年及儿童互联网使用现状研究报告》，3~8岁青少年及儿童喜欢玩游戏和看视频。9岁开始，开始上网寻找学习资源、做作业。到了中学之后（12岁开始），对于社交的需求最大（77%）。在这些需求之中，网络游戏、色情/暴力等不良内容，以及网络交友安全问题，都在时刻困扰着家长。孩子就像小白兔一样，随时都可能遭到大灰狼的攻击。这提醒着每一个家长，在孩子上网行为之中，我们做父母的绝对不应该缺席。我们应该陪着孩子一起在网上成长。

在这样的大背景下，很多父母的担忧溢于言表，纷纷感言："孩子每天接触网络，万一上瘾了怎么办？""孩子天天上网，影响到学习怎么办？"家长们之所以会这样发问，其实还是出于一种被动心态。在网络面前，很多家长会很无奈，是因为自己缺乏策略，只能眼睁睁看着孩子深陷网中而无计可施。事实上，在网络这件事上，我们完全可以主动一些。如果不想让孩子被网络牵着鼻子走，父母就不能坐等其乱，而是要事先有所警觉，提前有所准备。很多家长虽然有一定的警觉性，但苦于自己是网络的门外汉，因此被孩子小觑。这时候，我们要主动学习，积极运用网络，和孩子同步前行，同时做好监督和指导工作。

安祯和齐亚是姨表兄弟，他们有一个共同的爱好，那就是上网、玩游戏。在孩子上网这件事情上，安祯妈妈和齐亚妈妈的做法大相径庭。

安祯妈妈本人是不上网的，对电脑几乎是一窍不通，有趣的是，她虽然不懂电脑，但说起电脑来，却是一套一套大道理。安祯妈妈认为，网络就是个祸害，不良网站会把孩子教坏，玩游戏又会让孩子上瘾，所以她对网络一直抱有很深的芥蒂。正是因为这个原因，安祯妈妈不同意孩子上网。母子因为上网问题，经常拌嘴吵架。安祯认为，妈妈既然不懂网络，就没有发言权，网络究竟是好是坏，只有懂网络的人才说得明白。所以，每次当妈妈劝他不要上网时，安祯就会说："你别管我！你又不懂，怎么知道上网不好呢？"

齐亚的妈妈也非常关心孩子上网的事。通过平时对孩子的观察，齐亚妈妈发现，孩子们喜欢聚在一起谈论游戏，当家长走过去，他们会警觉地中止谈话。当家长离开，继续热烈交谈。对于上网玩游戏这类事，孩子们对家长更是讳莫如深，做这些事，一般都是避开家长的。由此，齐亚的妈妈认为，**想要教育孩子，必须要舍得下面子，放得下架子，融入他们当中，先要做好孩子的玩伴，然后在玩的过程中，去做他们的老师。**

从那时起，齐亚妈妈改变了以往的教育方式，一心想要加入到孩子的队伍中去。当齐亚和别的小朋友谈论游戏的时候，她会在一旁认真地听着，有时候她也会凑上去谈几句。所以，孩子们都不怎么怕她，反而认为她也是喜欢玩游戏的。有时候安祯过来做客的时候，齐亚妈妈也会问几句有关网络的事，这让安祯觉得，姨妈是个时髦的妈妈，网上有的她都懂，思想一点也不落后。正是因为这样，孩子在说起网络的时候，不再避讳齐亚妈妈，当着她的面说这说那，有时候还会争取她的意见。齐亚的妈妈和孩子们谈得越投缘，两个孩子就越信服她，聪明的齐亚妈妈，也会抓住这个机会，顺便提醒孩子用心学习，注意不要贪玩，等等。每次她嘱咐到这里，孩子们都很认真地点头，表示让她放心。

齐亚和安祯这两个孩子的妈妈，虽然是亲姐妹，可在思想认识上存在有很大差别，其教育结果也高下自现。安祯妈妈的教育方式显然是失败的，她因为不懂网络，所以无法融进孩子的世界，教育也就无从抓起。齐亚妈妈的教育方法显然技高一筹，她战胜了自己，主动接受和了解网络，亲身去体验网络，与孩子积极沟通，这样教育起来自然也就得心应手了。如果你也想收获良好的教育效果，那么需要从下面几点开始做起——

1. 调整心态，不要让孩子敌视自己

很多家长对网络持拒绝的态度，一心想要堵死这条路，结果网络隔离不成功，反而引发了孩子的反感和敌意。想要帮助孩子正确上网，首先要调整好自己的心态，以积极的态度去应对网络，和孩子结成共同进退的盟友关系。

2. 主动学习，不要让孩子轻视自己

孩子是游戏高手，家长却是笨手笨脚的菜鸟，这很容易助长孩子的自大情绪。家长要想提高自己在孩子心目中的形象，必须要善于学习，弄懂了网络，也就把握住了孩子的心。

3. 拉近距离，不要让孩子排斥自己

在网络问题上，家长和孩子很少会有共同语言，双方分歧越大，彼此之间的裂痕也就越大。这样发展下去，慢慢地，家长会视孩子为"异类"，孩子会视家长为"异己"，想要沟通就更加困难了。作为家长，我们要避免类似情况的发生，家长要放下姿态，试着找一些网上的话题，主动和孩子拉近距离，走进孩子的心灵，这是让孩子避免网瘾的第一步。

4. 打成一片，不要让孩子疏远自己

家长要和孩子打成一片，要做孩子的理性玩伴。在与孩子交流上网心得的同时，教给他们正确上网的方法，让电脑成为联系家长和孩子的纽带，成为调节家庭氛围的平衡器。

 **解铃还须系铃人,督促孩子记下每天所做的事**

李莉最近上网比较频繁,这是在暑假里养成的坏习惯。看着李莉玩游戏时神情专注的样子,妈妈心里开始担心起来,担心李莉也像表哥一样,小小年纪就成为网迷。

李莉的表哥叫谢铮,原来也是很好的孩子,天生聪明,学习又很用功,成绩在班里一直是数一数二的。有一年暑假,谢铮的爸爸妈妈碰巧都要进行培训,就把谢铮一个人留在了姥姥家。以往过暑假的时候,谢铮有爸爸妈妈陪着,每天都过得很充实,现在爸爸妈妈不在身边,他感觉很无聊,就开始上网解闷。

姥姥对网络一点不了解,也不懂得限制上网时间,结果两个月不到,谢铮就有了网瘾,每天不打两个小时以上的游戏,就感觉心神不宁,坐立不安。到了开学以后,谢铮还不能把心收起来,满脑子都是游戏,整天最关心的就是游戏进度,这样子下去后果就是——学习直线下降,从优等生变成了差等生。

有了小表哥这个前车之鉴,妈妈对李莉不敢再掉以轻心,她到处取经，走访过同学的家长，也咨询过教育专家，最后她从大家提供的信息中，悟出了一个道理——孩子迷恋上网，这是心理问题，属于"心病"。俗话说："解铃还须系铃人，心病要靠心来医。"想要让孩子解开这个心理上的"疙瘩"，单靠外力是不行的，还得他们自己动手。

　　妈妈认为，李莉在暑假期间上网频繁，主要原因是生活太慵懒，写完作业后就无所事事，自己感觉无聊了，就去上网找乐子。其实，李莉是个很懂事的孩子，对于上网玩游戏的这件事，她本人也觉得这样做是不妥的，每次玩游戏超时之后，她都会感觉很懊悔。只不过，李莉毕竟还是个孩子，这种懊悔的念头常常是一闪而过，第二天有了机会，照样会扑到电脑跟前玩个痛快。妈妈摸准了李莉的心理，决定对症下药。

　　妈妈跟李莉谈话，提醒她最近上网太频繁了，希望她能多加注意。李莉听了，默不作声。妈妈知道女儿是在心里自责了，于是赶紧开方子，她告诉女儿，从今天开始要每天写生活日记，把每天做的事都记录下来，而且还要做总结，看看哪些事是应该做的，哪些是不应该做的，哪些是需要加强的，哪些是需要纠正的。李莉点头表示同意。

　　第二天睡觉前，妈妈准时去李莉房间收取日记。当天是礼拜天，李莉只写了一个半小时的作业，除去午睡和吃饭的时间，李莉都在看电视和上网。李莉很不好意思地把记录交给了妈妈，她给自己写的总结是："今天玩儿太久了，上网时间太长，以后不能这样了。"妈妈也给李莉一个评语："希望你明天可以改正。"

令人意想不到的是,做这样的记录,对李莉产生了非常大的影响。通过这些记录,李莉对自己每天的行动有了一个很直观的了解,妈妈让她给自己写评语,其实就是让她进行自我总结。李莉面对这一纸记录,方才明白了自己虚度了多少时光,这令她懊悔不已,也督促了她自我改正的决心。这样记录了一周之后,李莉主动压缩了上网时间,周末的生活安排也有了很大改观。一个月之后,李莉的生活已经恢复到了暑假之前的样子,周一到周五不再上网,打游戏的时间只安排在周末的下午。

写生活日记是一个非常好的生活习惯,让孩子养成这样的习惯,可以帮助他们认识到自己的不足。当孩子有了改正错误的意识之后,家长就可以积极地介入,帮助孩子制定更合理的时间表,把学习任务和上网时间做一个更科学的分配和编制。这样的做法比硬行指令更有效果,孩子本人也更容易接受。在做生活日记中,有以下几点需要注意——

1. 每天休息之前,让孩子对当天生活做个记录;
2. 记录结束后,让孩子给自己做一个总结评价;
3. 家长参与评价,对孩子当天记录做出正确评判;
4. 给孩子提出合理建议,并协助孩子建立新的标准;
5. 让孩子把每天的记录进行对比,看看比之前有什么变化;
6. 如果发现孩子有所进步,要适时鼓励,适当奖励。

 **化害为利**
——把游戏题材转为孩子写作的素材

说起电脑,家长们有很多话要说,大家褒贬不一、喜忧参半。有的家长说:"电脑是科技宝贝,想让孩子有出息,不学电脑怎么行?"也有的家长说:"电脑是潘多拉魔盒,把孩子坑苦了,坚决不能让孩子碰电脑!"总之,家长们有支持孩子玩电脑的,有反对孩子玩电脑的,大家阵垒分明,各执己见,谁也说服不了谁。

事情其实很简单,电脑的宗旨就是服务于人的,只要我们能很好地利用它,尽量发挥它的长处,同时规避它的短处,那么电脑又有什么可怕的呢?游戏也是如此,本身无所谓好与坏,关键看我们用它来做什么,如果利用得好,它也可以成为孩子的学习工具。

以前小杰最怕的就是写作文,老师让写暑假的一天,他就写这一天几点起床,吃的什么早饭,然后上午写的什么作业,中午又吃的什么饭,下午睡觉到几点……妈妈说:"你这根本不是在写作文,明明是在记流水账!"小杰听了,委屈地说:"我一天就干了这些事儿,你让我写什么啊?"妈妈想了想,感觉孩子的生活确实有点单调了，平时出门少，见闻也少，写起作文来，当然就没什么可写了。

妈妈在晚上用电脑的时候，看到了桌面上的游戏图标，这些都是小杰平时所玩的小游戏，妈妈忽然突发奇想："孩子的写作素材不够，可以从电脑游戏当中找啊！"想写历史人物，有《三国杀》；想写探险类的，有《冒险岛》；运动类的有《小小运动会》，以及各种球类游戏；生活类的有《打扫房间》《美味蛋糕》，等等。类似的小游戏还有很多，内容涵盖面非常广泛，不管是生活中经历过的，还是没有接触过的，游戏里都有。妈妈由此觉得，玩游戏也算是一种生活的体验，如果能够把游戏的内容转化成写作的素材，孩子就再也不用发愁无话可说、无事可写了。

有了这个想法之后，妈妈就开始着手训练小杰的"就地取材"法，教他从眼前的小游戏中，发现有趣的素材，然后运用到作文当中去。这样做的效果十分明显，语文老师告诉妈妈："小杰突然开窍了，再也不记流水账了，小杰现在写的作文非常有趣，内容也很充实。"

游戏本身是没有立场的，也无所谓好与坏，如果你能做一个有心的家长，就可以把它变成孩子的良师益友。即使它存在这样那样的弊端，你也可以化害为利，让它成为孩子学习上的好助手，写作上的好帮手。

1.游戏里的剧情和结构，可以帮助孩子在写作中进行谋篇和布局

某些游戏，很像是一出精彩的多幕剧，其中的剧情部分，

高潮迭起、引人入胜，这些套路都可以转化成为孩子写作的方法。当孩子写作文的时候，我们可以引导他们放开思路，大胆发挥，在下笔之前首先做到成竹在胸。

2. 游戏设计的严密性，可以使孩子的逻辑能力大大提高

即使是一部小的游戏，它的电脑编程也是十分严密的，相比之下，很多孩子的作文前后矛盾、漏洞百出。我们可以利用游戏做教材，训练孩子的逻辑性思维能力，让孩子的作文越来越周密、严谨。

3. 游戏中的无限创意，可以运用到作文中来

为了不断地激发人们的兴趣，各种游戏更迭频繁，不断地推陈出新，我们可以用此来拓展孩子的想象思维，激发孩子的创新意识，让他们的作文素材更新颖，内容更活泼，形式更多样。

4. 五花八门的游戏，大大丰富了孩子的写作素材

游戏涉及生活的方方面面，不仅局限于家里家外和校园故事，更有历史、田园、趣事、魔幻、体育、军事，等等，到了写作的时候，这些题材都可以拿来用。有了这些丰富的"阅历"，孩子写起作文来，必将更加得心应手。

第九章

父母是孩子最好的网络导师
——培养孩子健康上网观念

孩子年纪小，阅历不深，辨别能力不强，如果沉迷于游戏或不小心登录不良网站，极有可能会陷入危险之中。身为父母，我们不能让孩子独自徘徊在网络的十字路口上，而是要肩负起督导和教育的责任，做孩子最好的网络导师，培养他们的健康上网意识，感受健康网络所带来的乐趣。

 ## 和孩子一起去浏览,感受健康上网的乐趣

对很多家长来说,网络成了一块心病,一方面自己的生活和工作离不开网络,一方面又担心孩子在网络中沦陷。在这种矛盾心理的驱使下,家长们开始无所适从。有的家长产生了网络恐惧症,一看到孩子上网,就开始担心起来,认为网络上乱七八糟的东西太多了,生怕孩子会被熏染坏了,最后搞得风声鹤唳、草木皆兵。还有一部分家长,因为恐网情绪过于严重,于是在家里施行全面封网,宁可自己不用,也不能让孩子接触到网络。

这些家长的做法,其实是错误的。网络本身是一个中性的事物,无所谓对与错,也无所谓好与坏,但由于运用方式不同,网络所带来的结果将是功用悬殊、天差地别。如果我们的孩子只以娱乐为目的,那么电脑或手机就是一台游戏机;如果我们的孩子以学习为目的,那么电脑或手机就是一台学习机。同样,如果我们的孩子能够正确上网,那么网络就是他们认识大千世界的窗口;如果我们的孩子只会浏览不良网站,那么网络就变成了一片恐怖的沼泽地。可以说,网络是好还是坏,完全在

于我们如何运用它。

孩子年纪还小,阅历不深,辨别能力不够强,如果不小心登录了不良网站,极有可能会陷入危险之中。这种时候,就需要我们这些老将亲自出马了。身为父母,我们不能让孩子一个人徘徊在网络的十字路口上,而是要肩负起督导和教育的责任,教给孩子正确上网的方式,培养他们健康上网的意识,陪同孩子一起去上网浏览,感受健康网络所带来的乐趣。

> 柯女士最近备感苦恼,她最近发现,女儿上网的时间明显增多了,她经常把自己关在房间里,不知道在干些什么,到了吃饭时间,还得叫上几遍才肯出来。有一次,柯女士趁休息的时间,来到女儿的电脑跟前,来了一次"大搜捕"。结果呢,她从女儿的电脑里找到了四款聊天软件,其中还包括视频软件。这下,柯女士心里产生了恐慌:"女儿搞这么多聊天工具,究竟是要干什么呢?"为了进一步了解女儿的所作所为,柯女士用了一个下午的时间进行盘查,在女儿的上网记录中,有游戏网站,有音乐网站,有交友网站,另外还有电影网站,甚至还包括算命的网站。总之,女儿所接触的网站相当驳杂,而且良莠不齐,这让柯女士陷入了深深的忧虑之中。
>
> 柯女士觉得,女儿对待网络这样来者不拒的态度,迟早是要吃亏的,自己再也不能坐视不管了。从那以后,每当女儿关门上网的时候,柯女士总是要找个借口进来一两回,有时候是借故找东西,有时候是给女儿送水果

和饮料。她的做法合情又合理，女儿一点儿也没有感觉到异常。柯女士每次进来的时候，都要趁机扫视一下电脑，搞清楚女儿在干什么，然后等她出门时，又会故意不把门带上。

这样过了几天，柯女士来女儿房间的次数更多了，有时候还会坐在旁边看一会儿。一开始的时候女儿感觉不太自在，后来妈妈经常这样有事没事地过来坐着，女儿也就习以为常了。柯女士成功地深入敌后，接着又开始进一步搞渗透。她开始对女儿所浏览的网页指手画脚，品头论足，女儿感觉不服气的时候，她还会亲自上阵，找出一个更精彩的网页让她看。这样一来二去的，柯女士就成了女儿身边的一个"网伴"。女儿觉得，有老妈在旁边陪着上网，也挺有趣的，最主要的是，妈妈能带她去更多有趣的网站，学到更有意思的东西。

的确，父母的行为是孩子的准则，父母的引导决定孩子的成长。关于父母对孩子的影响力，池田大作说："孩子像一块洁白的布，不知不觉就染上了色彩，母亲的教诲，礼仪家教自不必说，甚至连大人下意识的动作也被他模仿，这种吸取是无微不至的。"在网络的使用方面，父母的引导至关重要。对孩子来说，网络不仅是一种休闲和社交方式，更是一种学习方式，它在孩子生活中不可或缺，我们没有理由把孩子同网络隔离开来。在这方面，柯女士做得很好，她没有强制孩子做什么，或不做什么，而是聪明地打入对方内部，成功地实施了监督和引导。这一切做得丝毫不露痕迹,家长的目的也完全达到了。

再次需要强调的是,家长不要对网络心存偏见,更不要把网络放到对立面去。网络究竟是敌是友,完全在于如何利用它,如何驾驭它。既然工作和生活都离不开网络,整个社会的运行也离不开网络,那么我们有必要取消对孩子的过分限制,从禁止上网转变到快乐分享,让孩子在健康上网的过程中,感受到网络强大的正能量,让网络成为孩子快乐成长的驱动器。

具体来说,我们可以从以下几个方面引导孩子,比如带孩子浏览绿色网站,让孩子接受更多的新事物;支持孩子加入班级聊天群,摆脱孤独感;把网络话题拿到餐桌上来,和孩子进行交流。这样一来,家长就会成为孩子的知心朋友,与孩子一起感受成长的快乐。

 ## 让孩子明白网络世界和真实世界的区别

有人把网络称作"第四媒体",它的影响力超出了人们的想象。在所有年龄段中,青少年无疑是接受网络最快的一个群体,网络资源的无限性和探索无限性,对青少年群体产生了巨大的吸引力。对青少年来说,网络游戏是最受欢迎的项目之一,游戏中精致的画面、激烈的战斗、超能的武力和武器,以及曲折跌宕的剧情,都让他们欲罢不能。

网络在丰富孩子精神生活方面,确实起到了一定作用,但与此同时,也对孩子的情绪造成困扰。随着孩子对网络的日益迷恋,它的负面影响也日益凸显。孩子们在网络上实现了许多传奇的梦想,轻松地成就了自我英雄主义,这让他们的自尊心得到了空前满足。于是很多孩子开始迷失在这个虚幻的世界里,把全部的梦想寄托在网络中,拒绝回到现实世界中来。越来越多的孩子迷恋那种天马行空的网络生活,却对脚踏实地的现实生活厌倦和逃避,这种现象是十分可怕的,它危害的不只是一个孩子,而是一代人,整个社会。

"计算机普及要从娃娃抓起。"这句话还有另外一层含义,

那就是预防网络沉迷，也要从娃娃抓起。我们的首要任务是，帮助孩子搞清楚网络和现实之间的区别，不要企图与现实生活脱节。孩子可以把网络当作生活中娱乐的媒介，但绝对不可以让它占据自己全部的生活，更不能弄假成真，让网络中的假象粉碎现实中的梦想。总之，如何做好网络时代的父母，这是一个大课题，需要我们认真对待，认真学习。

1.告诉孩子，在现实生活中没有删除功能

一位妈妈正在绣十字绣，好不容易把一朵花绣完了，却发现绣错了颜色。妈妈对着自己失败的作品唉声叹气，这时候，十岁的儿子走了过来，安慰妈妈说："颜色搞错了有什么关系嘛，你重新设置一下颜色，不就行了吗？"

又有一次，他的妈妈把菜烧煳了，儿子尝了一口，感觉好难吃，于是向妈妈提建议说："妈妈，这个菜没法吃了，你先删除了，然后再恢复一下吧！"

也许你认为这只是一个笑话，但里面却映射出一个大问题——我们的孩子已经习惯了网络中的操作习惯，对现实世界的生活，反而不习惯了！很多孩子在网络中养成了虚浮的作风和不负责任的态度，如果他们把这些做派带到现实生活中来，危害是非常大的。身为父母，我们要让孩子分清楚网络和现实世界的区别，还有必要告诉孩子：在网络中出现了失误，可以轻而易举地删除或恢复，可在现实世界中，这样做是行不通的。生命只有一次，人生没有彩排，你的每一次表演都是现场直播！我们必须要让孩子认识到，网络中做错了事，关掉电脑就不存在了，但在现实中却需要真实面对。做错了就是做错

了，无可更改，也无从逃避。孩子必须要对自己做错的事勇于悔过、敢于负责，并从错误中吸取经验。

2.告诉孩子，现实中不可能一步登天

晓鸣爸爸单位要进行评职称的工作，爸爸因为缺少一次技能培训，因此基础分比别人少，没有争取到晋升名额。看到爸爸为此苦恼的样子，晓鸣很不屑，他说："你花钱买点积分，不就行了？我们玩游戏的时候，给点卡充值，就什么都有了。"

晓鸣的话让爸爸哭笑不得。在网络中，确实是这样的，只要你有金钱和时间，多复杂的游戏也可以晋级。可是，现实世界里的成功者，不是单单靠金钱就能打造出来的。作为家长，我们要告诉孩子：网络中可以让人称王称霸的积分，在现实世界中，连一个面包都买不到。在现实生活中，不要有不劳而获的思想，也不要梦想着一夜成名，成功的路是靠我们一步一步走出来的，通往山顶的台阶就在那里，少走一级都不行。

3.告诉孩子，现实中不是永远一帆风顺

乔乔似乎有打游戏的天赋，他能够在很短的时间内通关，所以乔乔特别喜欢网络，在网络上，他感觉春风得意，不管游戏中遇到什么样的"艰难险阻"，他都能踏平坎坷，如履平地。暑假的时候，乔乔和伙伴们一起报了一个跆拳道训练班，开始的时候，乔乔的兴趣很高，一心想要得到一个"黑带"，可让妈妈没想到的是，乔乔才上了不到三节课，就开始打退堂鼓了。原来，乔乔在上课的时候因为动作不标准，被老师罚了，所以乔乔感到受挫，这让他想起玩游戏时的骄人成绩。于是，

乔乔对妈妈说:"练跆拳道太难了,要是玩游戏的话,我早就是'黑带十级'啦!"

网络是个虚幻的世界,想要成功似乎很容易,就拿赛车来说吧,游戏中的赛车拼的是技巧和速度,可在现实世界中,制约赛程的因素要多得多,赛手们不仅需要考虑车况,还要考虑到路况,以及天气状况等。在真正的赛场上,什么样的情况都可能遇到,有的车手准备了好几年,可比赛时却因为一点点小意外功亏一篑。这又能怎么样呢?还不是要重整旗鼓,明年再来。所以说,我们要让孩子认识到残酷的现实,给他们一点挫折,给他们一点阻力,让他们学会摔倒之后再重新爬起来。

4.告诉孩子,网络是童话,生活才是现实

我们听到过许多网络骗子的故事,有些骗子专门向无知的孩子下手,网络虽然无形,但是它给孩子和家庭带来的伤害,却是真实而惨痛的。很多孩子被网络营造出的唯美氛围所迷惑,渐渐地开始"不食人间烟火",以至于接触到现实生活便会无所适从,对生活中的"病毒"丝毫没有免疫力。

很多孩子迷恋网络交友,这同样是一种很危险的行为。每天都有孩子交友被骗的新闻提醒我们不可掉以轻心。我们有必要告诉孩子,现实生活中的友情是生根的大树,时间越久,长得越旺。而网络中的友情,是相对虚幻的,它就好像插在花瓶的花,因为没有根,很快就会枯萎。我们要让孩子知道,现实虽然有时丑陋,但更多时候,它会绽放出美丽的笑脸,走进现实,才能了解现实;热爱生活,才能改变生活。

 **把权力下放,培养孩子的自我控制能力**

很多家长向我抱怨:"唉,整天为孩子上网的事操碎心了!"没办法,现实就是这样,大多数家长都担心孩子沉迷网络,把孩子当贼一样,早也防,晚也防,结果把自己搞得精神紧张,孩子仍然得上网时且上网,一点没有收敛的意思。

我认为,要想从根本上解决孩子的上网问题,关键是培养他们的自我控制能力。毕竟我们不能时时陪在孩子身边,孩子如果要钻空子,你又能管得了吗?想要治好病,还是要找到病根儿,这才能药到病除。关于这一点,我们或许可以从下面这个故事里得到启示。

冲冲生活在一个大家庭里,是家里名副其实的小宝贝儿。每到过年的时候,冲冲都会收到许多压岁钱。以往,妈妈会把这些红包收起来,然后告诉冲冲说:"这些钱都是你的,只不过你还小,这些钱妈妈先替你保存着。等到你需要花钱的时候,只管从妈妈这里要。"冲冲听妈妈这么说,就把妈妈当成了小银行,每到需要买东西的时候,就会理直气壮地去向妈妈要。开始的时候,妈妈并没有在意,后来冲冲要钱的次数越来越多,要的数目也越来越大。妈妈怕他乱花钱,想限制一下,可是冲冲有意见了,他说:"这钱是我的,我想怎么花就怎么花!"

爸爸知道了这件事,提醒妈妈说:"你这样下去,只能是一笔糊涂账。你应该清算一下,冲冲的压岁钱到底有多少,到目前他已经花了多少,还剩下多少,够不够他花到年底。"妈妈听从了爸爸的建议,把这笔压岁钱细算了一下,得到的结果是:冲冲一共收到了2000元的压岁钱,到九月初的时候,冲冲已经把所有的钱都花完了。也就是说,从那时起到现在,冲冲都是在透支妈妈的钱。这笔账一算,妈妈顿时醒悟了,原来自己辛辛苦苦地替孩子管账,不但落下了埋怨,还让孩子透支了不少,这真是费力不讨好啊!

从第二年开始,妈妈彻底改变了做法。春节一过,妈妈就把压岁钱原封不动地交给了冲冲,然后**带他来到银行,办了一张卡,把所有的压岁钱存了进去。回到家,妈妈把卡郑重地交到冲冲手上**,告诉他:"**这是你的压岁钱,也是你一年的零用钱,你自己来保管**。你如果省着点花,到年底还可以存得更多。如果你一下子花完了,也不许再朝我们要!"冲冲接过钱,心里十分得意。头两个月的时候,冲冲花钱大手大脚,到第三个月,他发现自己的钱少了很多,于是有点心疼了。从那以后,冲冲花钱明显有节制了。后来,他也学妈妈的样子,搞了一个小账本,开始学着理财了。到年底的时候,冲冲的卡上还剩余了1500元,对冲冲来说,能存下这笔钱,比得到压岁钱更有意义。

这个压岁钱的故事,可以带给我们很多启发。孩子上网也是这个道理,一味地靠家长去管制,收效并不是很大,反过来,如果我们把权力适当地下放,在一定的监督下,让孩子自主地去安排上网的时间,也许会收到意想不到的效果。

腾腾和其他孩子一样,喜欢玩网络游戏,为此妈妈整天提心吊胆,生怕他玩游戏耽误了学习,还担心他玩出网瘾来。腾腾每次放学回家,妈妈会先提醒他:"今天不许上网啦!"腾腾会据理力争:"我先写作业,写完作业就上网!"妈妈拗不过他,只好答应了。等到上网的时候,妈妈又过来了:"玩一会儿就下线,时间长了绝对不行!"腾腾刚玩儿了没多久,妈妈又会过来催:"时间不短了,该下线了!"妈妈在一旁这样催啊催的,腾腾感觉玩得不过瘾,于是他就装作没听见的样子,故意拖延时间,或者干脆赖着不离开电脑,能赖多久就赖多久。这样一天下来,妈妈这边没少费嘴皮子,腾腾这边也没有玩开心。

妈妈在向别人取经的时候,听到了这个压岁钱的故事,于是妈妈受到启发,决心改头换面,做一个宽心妈妈,一个放开手的妈妈。当天,妈妈和腾腾约法三章,提出每周给腾腾五个小时的上网时间,由他自己来自由支配,妈妈中途不再干涉。妈妈特别提出，希望腾腾能够把时间分配好，不要前面撑着后面饿着，如果本周的时间用完了，那么就只能等到下周再上网，如果本周出现透支现象，那么超时部分要从下周扣除。腾腾一听可以自由上网了，当即欢呼起来，他一心想要摆脱妈妈的束缚，所以就很爽快地答应了这个协定。

第一周的五个小时，腾腾三天就用完了，然后在剩下的几天里，腾腾面对电脑只能干瞪眼。到了周末，他开始坐立不安，唉声叹气，后悔自己没有好好打算，搞得周末也没网可上。第二周的时候，腾腾开始很认真地对待上网的时间，每天只玩半个小时，一点儿也不敢超时，这样到了周末，他还剩下两个半小时的游戏时间，终于可以开心地打一通游戏了。第三周的时候，腾腾和同学约好了周末一起玩游戏，为了给周末挤出更多的时间，腾腾开始筹划如何压缩平时的上网时间。由于周一和周二的数学作业比较多，腾腾就果断取消了这两天的上网，这样到了周末的时候，他就可以有三个小时的游戏时间，周六和周日都可以玩个痛快了。慢慢地，腾腾把游戏时间安排得越来越周密，越来越科学，他本人的自我控制能力也在不断加强，即便妈妈不在暗中监督，腾腾也能够做到守时守约，收放自如。

在孩子教育问题上，我们要明确一个原则——不要把孩子当孩子。孩子们虽然年纪小，但也有他们自己的思想，他们渴望的是自主，而不是被人所控制。在网络管理的问题上，我们正好可以利用孩子的这种思想，给他们一定的自主权力，改变以往替孩子安排一切、打理一切的做法，给孩子一个做决定、做选择的机会，从小培养他们自主控制的能力，从而有效地帮孩子养成良好的上网习惯。

 让孩子明白电脑/手机是用来工作和学习的

"电脑/手机就是打游戏用的,上网就是为了打游戏",这是很多孩子的看法。如今,孩子们接触电脑、手机的机会越来越多,如果依旧带着这种狭隘的认识,又怎么能摆脱网瘾的威胁呢?在关于网络的问题上,每个家庭都有自己的一套教育方式,但有一点必须让孩子深刻地明白——电脑/手机不是游戏机,它们是工作、学习的好工具、好帮手。

我们可以告诉孩子,电脑和智能手机具有十分强大的功能,游戏娱乐只是冰山一角。如果我们只是把电脑当作一台游戏机,那绝对是大材小用,那就好比高射炮打蚊子,开着航母去打鱼,不但会贻笑大方,还会造成功能上的巨大浪费。我们还要告诉孩子,网络之大是难以想象的,如果仅仅把网络当作游戏的窗口,那就好比把大海当成洗澡盆,只知道在盆里扑腾,却错过了遨游大海的机会。

五岁的贝贝看到别的小朋友在电脑上玩游戏,非常羡慕,他感叹地说:"你们家的电脑比我们家的电脑好多

了，我们家的电脑只能打字。"在一旁的大人都听不懂贝贝在说什么，只有贝贝的妈妈在微笑点头。

原来，贝贝妈从事的是文字工作，经常在家加班写作，贝贝看在眼里，便认定电脑是一台写作机器。今天贝贝闹出这个笑话，妈妈觉得有必要跟孩子讲一讲电脑的知识了，一来孩子到了应该接触电脑的年龄，二来呢，早点给孩子一个清楚的认识，可以帮助他更好地权衡利弊，把电脑的功能发挥到最大化。

妈妈告诉贝贝："电脑可以做很多很多事，不但妈妈写作要用电脑，爸爸搞建筑需要电脑，舅舅开公司也需要电脑，还有楼下开超市的阿姨，也需要电脑……很多人的工作都离不开电脑。"贝贝提醒妈妈说："电脑还能玩游戏呢！"妈妈说："是啊，电脑也可以玩游戏呀。只不过，人们是在工作累了的时候，才用电脑玩一会儿游戏的。这样可以休息一下，放松一下。"

贝贝问道："我是小孩儿，不是大人。小孩不用工作，是不是就可以随便玩游戏呢？"贝贝的这个问题很尖锐，妈妈不敢大意，她认真想了一下，然后回答："小孩儿不用工作，可是小孩儿需要学习呀！电脑也可以帮助你们学习的，你可以上网学英语，学画画，等到你学习累了，也可以打一会儿游戏，就像平时做课间操一样。课间操时间很短，所以玩游戏的时间也不能很长哦！"妈妈的一番话，在小贝贝的心里产生很深的影响，现在贝贝明白了，电脑首先是用来工作和学习的，然后才是娱乐和游戏。

在这个网络无所不在的时代，孩子们很容易受到诱惑，从而沉迷游戏。教育的问题赶早不赶晚，如果我们能够及时认识到这个问题，提前给孩子打好预防针，给孩子灌输正确的上网观念，帮孩子树立起良好的上网习惯，这样一来，电脑就会在孩子的生活中发挥更大作用，成为孩子学习上的好老师、好帮手。

那么，作为父母，我们具体应该怎么做呢？

1.让孩子从小对网络有一个清晰的认识

很多孩子认知电脑和智能手机，是从"游戏很好玩儿"开始的，这本身就是错误的，将来也会导致错误的后果。因此，我们应该在孩子开始上网前，就给孩子上好这堂预备课，让孩子了解电脑和智能手机的诸多用途，向孩子说明可能带来的种种危害，让孩子对这些电子工具有一个正确而清晰的认识。

2.家长以身示范，做好表率作用

俗话说："上梁不正下梁歪。"家长的一举一动、一言一行，都会对孩子形成潜移默化的影响。有些家长自身的习惯不够好，回到家里，第一件事就是拿起手机或打开电脑，要么看电影，要么玩游戏打牌，还有的家长，嘴上不断地催促孩子学习，自己却在手机、电脑上玩得不亦乐乎。家长的所作所为，孩子都看在眼里，记在心里。如果家长都把电脑和手机当成娱乐工具，那么孩子也会认为电脑和手机就是用来玩儿的。我们没有理由单方面要求和限制孩子，想要把孩子教育好，家长必须把路走正，把头带好；要想管好孩子上网，家长自己首先要做出好的榜样来。

3.让孩子成为主人，不被游戏牵着鼻子走

大多数孩子都是因为游戏而对手机、电脑产生了亲近感，是游戏牵住了他们的心，拴住了他们的人，是游戏支配着他们的时间和精力。为了孩子的健康成长，这种被动的状态必须改变，我们要帮助孩子成为电脑和手机的主人，而不是被游戏牵着鼻子走。

 ## "人机对话"不如"人人对话"

假如有一天,家庭里不再有往日的温馨笑语,取而代之的是游戏的厮杀声,你会有怎样的感想?假如有一天,你的孩子对你形同路人,对待游戏却胜似亲人,你又是何种心情?

如此现象在生活中屡见不鲜。我的朋友唐先生说:"我的儿子心里好像只有游戏,家里的任何人、任何事,都不在他的心上。每次我们在一起,他都无话可说、无精打采,可面对电脑的时候,他立即就会精神百倍……"另一个朋友云女士说:"我的女儿最近表现十分冷漠,她玩游戏的时候,我跟她说话,好像没听见一样。吃饭的时候,她也不怎么和我说话,只是低头摆弄手机……"唐先生和云女士,都是事业很成功的人士,他们的孩子之所以出现这种状况,就是因为他们对家庭关注得太少,对孩子关心得太少。

唐先生是做羊绒生意的,生意越做越火,可家庭却出现了问题。唐先生经常外出,难得回家,夫人虽然没有外出,但被厂子的事务缠住了身,家里的事也难顾得上。夫妻俩都忙着生意上的事,这可苦了儿子小博。唐先生的家装修得十分豪华,比起其他孩子来，小博吃得好穿得好，可小博觉得这个家一点儿也不温暖。因为一个人待久了，小博就把感情寄托到了游戏上。慢慢地，小博的网瘾越来越大，对父母的感情也日渐淡漠。小博觉得，只要有电脑，只要可以上网，爸爸妈妈在与不在都没有关系。

云女士家里的情况和唐先生差不多。云女士是一家企业的高管，平时工作非常忙，很少有休息日，半夜加班也是常事。偏偏又赶上先生要出国学习，一走就是两年。女儿菲菲一直缺少家人照顾，基本上是独来独往，除了上学之外，不和人交流，也不和人接触。

从表面上看，菲菲是个很独立的孩子，可内心里却很孤独，她羡慕同学有家人的陪伴，渴盼爸爸妈妈也能够守在自己的身边。云女士心疼女儿，所以不忍心对她做任何限制，菲菲可以随时打开电脑，妈妈也从不问她玩游戏的事。结果呢，菲菲把感情完全体投入到了网络之中，她迷恋游戏，超过了思念爸爸妈妈。

如今，青少年最突出的心理问题就是——感情冷漠，性格孤僻，不善与人沟通。电脑、手机和网络占据孩子的闲暇时间，远远胜过与父母同处的时间。长此以往，电脑、手机在孩子心中的地位越来越高，而父母则变得无足轻重。

这种"人机对话"的现象，对孩子的社交能力产生直接的影响。越来越多的孩子迷恋网络交友，却懒于应对人与人之间的应酬；他们面对网络的时间日益增加，面对人群的时间却在日益减少；他们对网络存在的幻想越来越多，对现实社会寄予的期盼就会越来越少；他们对网络打得越火热，与家庭和社会却越来越疏冷。这些问题对孩子的成长十分不利，我们必须要充分重视。

在孩子的成长环境中，亲情和关爱是两个必不可少的主题。意大利教育专家蒙台梭利说："儿童应该得到成人的爱，而不是成人忙于生活所残余的爱。"孩子的健康成长，并不单单靠丰富的物质生活作为保障，他们还需要来自心灵的慰藉及家庭的温暖。很多家长自以为给予孩子很多，可他们恰恰忽视了与孩子心灵之间的对话。

年少的心灵敏感而脆弱，如果家长不能够给予足够的关怀，孩子就会转而投身网络。我们可以设想一下，一个孩子整天面对电脑和手机，他的喜怒哀乐全都寄托在冰冷的机器上，我们又怎么能期盼他有一个感性的人生呢？

所以，在网络世界，我们不能让孩子孤身前行，身为父母，我们不但要在上网理念上给予积极指导，更要积极与孩子沟通交流，带孩子去走向人群，去交往，去互动，去结交一生难忘的友谊。以浓浓的亲情、友情，取代冰冷的机器互动，把"人机对话"改成"人人对话"，相信孩子的未来一定会更加美好！

第十章

网络游戏是把双刃剑
——父母要牢记的 7 个忠告

游戏难道真是洪水猛兽吗？事实上，世上任何事物都是矛盾体，有好的一面，必然也会有坏的一面。网络是服务于人的，游戏也是一样。作为父母，我们没必要躲避，而是要走近游戏，利用它，让它为孩子多做"好事"。牢记本章的 7 个忠告，可以更好地让游戏成为孩子成长的助手，让孩子从中汲取营养，获取人生正能量。

第十章

游戏是把双刃剑
——孩子玩游戏不一定是坏事

游戏难道真是洪水猛兽吗？事实上，世上任何事物都是矛盾体，有好的一面，必然也会有坏的一面；有不利的一面，同时又存在有利的一面。很多看似是糟透了的事，仔细推敲一番，并非一无是处。很多家长对游戏的认识有些片面，只看到它不好的那一面，却忽略了它积极的一面，一提到游戏就怨声载道，主张一棍子打死。孩子因为上瘾耽误学习当然不是好事，但仅就玩游戏来说，对孩子的成长也不一定就是坏事。

在某个小城里，有一名叫于昆的高三学生，因为在科技方面表现突出，被某名牌大学提前录取。这件事在小城里产生了轰动，许多家长慕名而来，向于昆父母取经。大家都认定于昆父母平时一定对孩子要求特别严格，所以才培养出如此优秀的孩子。

但事实并非如此。于昆父母说，他们的孩子是"放养"长大的。从小学到中学，他们从来没有强迫孩子做什么或者不做什么，只要孩子按时把作业完成，其他时间都是他自己的，孩子爱干什么就干什么。他们对待孩子十分宽松，从来没有压制孩子的个人爱好，包括上网玩游戏。

于昆曾经在一次航模大赛上获奖，他的程序设计和现场的操作技巧都获得了专家的表扬。于昆后来告诉记者，自己的程序设计和按键技巧，都是在平时玩游戏的时候积累的经验，说起来，这一切还要归功于网络游戏呢。

有些家长或许会说："于昆的成长经历不具有普遍性，因为玩游戏而成功的人少之又少，更多孩子因为玩游戏而荒废了学业，结果一事无成！"那么，我们现在抛开于昆这个特殊的个例不提，专门来探讨一下玩游戏的利弊问题。

说起玩游戏的害处，很多家长都会滔滔不绝，玩游戏影响学习，有害身体，对眼睛不好，不利于孩子的成长……以上这些情况是确实存在的，如果长时间沉迷游戏，对孩子身心发展肯定有不利影响。但是，网络游戏的意义远远不止这些，游戏是把双刃剑，只要能够帮助孩子把游戏的时间把握好，我们就会有很多惊喜的发现。

1.打游戏可以让孩子身心愉悦

游戏的功用之一就是娱乐大众。闲暇时间打打游戏，可以让孩子们变得更加开心。

2.打游戏可以帮助孩子减轻学习压力

现在的孩子作业负担很重，升学的压力一天比一天大，很多孩子不堪重负，小小年纪就变得心情沉闷、郁郁寡欢。打游戏可以有效缓解孩子的心理压力，很多孩子面对繁重作业的时候愁眉苦脸，如果中途允许他们打打游戏，孩子就会压力顿减，从而变得心情大好。

3.游戏可以帮助孩子提高智力

我们都知道，玩游戏是个技术活儿，如果脑瓜不好使，只靠蛮力是打不好游戏的。那些高智商的游戏，正好可以帮助孩子开发智力，让孩子越玩儿越聪明。

4.游戏可以锻炼孩子的反应能力

打游戏的一个要求就是要快，尤其是那些有时间限制的游戏，如果你反应慢了，马上就会前功尽弃。玩一玩这类游戏，可以大大提高孩子的反应能力，让孩子的思维变得更敏捷，应对更迅速。

5.打游戏让孩子的协调度更好

如果你打过游戏，肯定会体会到游戏中也有"手眼心法步"，缺一不可。孩子打游戏的时候，精力必须保持高度的集中，眼睛看到的什么情况，脑子里面马上要做出正确的判断，然后再调动手指去按键指挥，这一系列活动必须在短时间内完成，而且必须做到手眼协调。一场游戏下来，孩子的判断能力、指挥能力和应对能力都会得到很大的提高。

总之，网络是服务于人的，网络游戏也是一样，作为家长，我们没必要躲避它，而是要走近它，利用它，让它为孩子多做"好事"。

不要如临大敌
——孩子玩游戏只是一种娱乐

每当提起游戏,很多家长就会如临大敌。在他们眼中,游戏堪比毒品,只要孩子一沾上,就等于没救了。就这样,游戏成了一个堕落的代名词,许多家长会这样跟孩子说话:"你怎么又打游戏?不想学好了是不是?"

然而,事实果真如此吗?游戏当真有这么可怕吗?

其实,游戏并不是家长想象的那样可怕,说到底,它只是娱乐方式的一种,跟千百年来流传下来的娱乐方式没有本质上的区别。

我们不要将怨点集中于游戏之上,而是要多考虑一下孩子的个性,还有大环境的因素。孩子喜欢玩游戏,乃是天性使然,环境使然,因此我们也应该放下内心的偏见和敌对情绪,重新来认知游戏。孩子们闲暇时间上网玩玩游戏,不是什么大不了的事,只要他不是长时间沉迷其中,就不要过于上纲上线。

这个假期,十岁的涵涵感到很烦恼,放假前他跟同学小威约好，假期两个人联合起来打游戏。每天打一个小时，一个假期就可以完成升级。没想到的是，放假第一天，妈妈就把涵涵的日程安排得满满的：上午去补习班，下午游泳，晚上读课外书，也可以看看电视……涵涵向妈妈要求每天一个小时的游戏时间，被妈妈严词拒绝。后来，小威不断地给涵涵打电话，催促他开始升级计划，可涵涵却因为妈妈的安排而忙得团团转。

有一次，涵涵在公园里遇到了小威，得知小威已经与其他同学联手了，现在小威的游戏级别正在稳步上升，涵涵当时感觉特别遗憾。回到家，涵涵就开始闹罢工，怪妈妈把自己逼得太紧，连假期也得不到自由。妈妈说："我怎么没给你自由了？我不是每天下午都带你出去玩儿吗？你的娱乐活动还少吗？"涵涵委屈地说："玩游戏也是娱乐活动啊，你为什么不许我上网呢？"涵涵的一句话，问得妈妈哑口无言。

如果周末有人约孩子出去打球，很多家长会支持，认为那是正常的娱乐活动，但如果有人约孩子一起打游戏，家长就会沉下脸来，极力阻止。同样是娱乐，家长却不能公平对待，对游戏的偏见和排斥，给孩子的童年带来了许多遗憾。

那么，作为父母，我们应该如何正确合理地看待这个问题呢？

1.不要把游戏妖魔化

游戏只是一种娱乐，并非妖魔和野兽。有些家长对游戏抱有成见,喜欢夸大事实,把所有罪过都归咎于游戏,这对游戏来说不公平,对孩子来说也不公平。

2. 不要怀疑孩子玩游戏的动机

有些家长见不得孩子玩游戏,认为这样的孩子不上进,正走向堕落的深渊。其实,在孩子心里,上网玩游戏和平时玩耍没什么两样。所以,我们不要怀疑孩子玩游戏的动机,他们打游戏只是觉得好玩有趣而已,没你想得那么严重。

3. 适当地玩一玩,不用担心会上瘾

虽然游戏被称为"电子毒品",但毕竟不是毒品,只要适时适度,一般是不会上瘾的。在闲暇时候,如果孩子有这样的意愿,不妨让他适当地玩玩,家长在一旁做好监督就行。

4. 不要拿"打游戏浪费时间"做借口

家长认为游戏浪费时间,其实任何娱乐都要占用一定时间。为了孩子的身体健康,我们可以缩短孩子打游戏的时间,但不能以此为借口对孩子实施禁玩。

5. 无论玩什么,都是为了让孩子开心

拥有一个快乐的童年,是孩子幸福一生的开始。作为家长,我们应该尽量让孩子过得快乐,在他们心中留下美好的回忆。游戏的画面,也是孩子回忆中的一种美好。我们可以在管控的前提下,让孩子接触一下游戏,让他们拥有想起来就微笑的时刻。不过父母要牢记的是——孩子喜欢游泳,你会提醒他"注意安全",如果孩子愿意打打游戏,你也可以提醒他"注意时间"。

 **游戏规则会让孩子懂得公平、分享和等待**

如今社会,一大家子人,守着一个宝贝,孩子想什么有什么,要什么给什么。在这样的家庭教育下,孩子往往是唯我独尊,独霸天下,根本不懂得平等和谦让。很多孩子在自己家里霸道惯了,到了幼儿园和学校里,还无法适应身份的转换,当老师发东西的时候,他们还理直气壮地喊:"所有的好东西都是我的!""我要第一个来!"

在集体生活中,孩子这种妄自尊大的个性,一时很难改正,但令人惊讶的是,这些看似蛮不讲理的孩子,到了打游戏的时候,却变得懂规矩了。有的孩子平时总是横行霸道,但和同伴玩起游戏来,却表现得大方得体,以往的坏习性都不见了。这是为什么呢?这一切都归功于游戏规则。公正、公平的游戏规则,对孩子是一个极好的教育,让他们懂得共享和分享的意义,这对他们以后的成长将是大有帮助的。

游戏的第一规则就是平等。不管你在家是不是大王,在玩伴儿中是不是老大,只要你坐下来玩游戏,你就是一个新手,一个菜鸟。想要成为玩家,家庭帮不了你,爸爸妈妈也帮不了你，要靠只能靠自己，在游戏面前，谁也别想搞特殊。

小胖发育比较早，看起来比别的孩子壮很多，像个小摔跤手。仗着身体上的优势，小胖平时显得比较横，有点蛮不讲理。后来，同学间开始流行游戏，在这些游戏中，小胖的传统优势一下没有了。小胖以前玩惯的那一套，在游戏中不管用了，他想要重新树立自己的形象，必须从零开始。

有一天放学后，小胖终于放下架子，去向同桌小岩取经。小岩以前是小胖欺负的对象，现在他却像一个大师一样，滔滔不绝地向小胖讲授自己的游戏心得，听得小胖心服口服。从那以后，小胖的气焰一下子收敛了，现在他懂得了尊重别人，也懂得了如何赢得别人的尊重。连小胖的妈妈也说："小胖以前飞扬跋扈的，现在变得尾巴也垂了，毛也顺了。"看来，打游戏对小胖来说，不只是娱乐，还起到了一定的教育作用呢。

游戏的第二规则是共享和分享。现在的孩子，得到了家人太多的关心，但内心却又十分孤独。他们很少有朋友，小区里的孩子互不往来，在学校里也是各自为战。这种长期的孤独状态，使得孩子变得越来越冷漠，他们根本不懂得什么是互助与合作，更体会不到共有和分享的快乐。游戏打破了这种封闭的状态，它的共享功能，可以瞬间软化人与人之间的隔膜状态，让孩子们切实感受到，大家好才是真的好。

磊磊原本是一个自私的孩子，他的东西家里人碰都不能碰。磊磊在学校里的表现也不太好，有一次同桌想借用一下他的修正带，他却说："我还要用呢！"又有一次，磊磊在玩游戏的时候，想买一把火力更大的枪，可他的积分不够，不能换金豆子，也无法买武器。这时候，其他玩伴借给了他一百颗金豆，这个举动让磊磊很意外。磊磊买了枪之后，武力值大增，他也攒下了许多金豆。

现在，磊磊明白了一个道理，玩联机游戏的时候，需要大家共同的力量，自己武力值再高也没有用。如果同伴的装备不行，那么整体的作战能力还是提不上去，所以磊磊也会在关键时候给同伴赠豆，帮助他们补充装备。在游戏中领悟到的这些道理，也改变了磊磊在现实中的处事方式，现在磊磊不再小气，有了好东西，也开始懂得与人分享。

游戏的第三规则公平和等待。在游戏中，特权被一概取消，不存在小皇帝和小公主，大家地位都是一样的，每个人必须遵守轮流进行的原则，耐心等待自己的号位。这个规则具有很好的教育意义，它可以让孩子更快地适应集体生活，帮助孩子脱离原有的浮躁，安心对待现实中的种种无奈，并学会耐心地等待。面对铁定规则，撒娇耍赖都没用，该是谁就是谁，轮不到自己的话，只有乖乖等待。

 ## 学会让电脑/手机变成孩子的教辅工具

谈起孩子玩游戏,很多家长都持反对意见,认为玩游戏影响学习,有害身体,有损视力等。这些家长只看到了游戏的负面效应,却忽略了它的正面效应。说到底,网络是服务于人的,游戏也不过是这种服务中的一种方式,我们为什么要处处被它牵着走呢?为什么不能变被动为主动,让游戏变成孩子的教辅工具呢?

章敏一向是个严厉的妈妈,她对儿子小挺的要求十分严格。章敏本人对游戏有偏见,所以她从来不许儿子接触网络。章敏两口子都是高级知识分子,但为了孩子的"健康"成长,她家至今没有接通网线,唯一的一台电脑放在章敏的卧室里,她还特意设置了开机密码,为的是让儿子彻底对游戏死心。就这样,小挺虽然出生在高知家庭,但他对游戏几乎是一无所知。

有一次,章敏带小挺去同学家做客,发现她家的电脑就放在客厅里,母子俩正围坐在电脑前,有说有笑地

玩游戏。这个场景让章敏感觉不可思议，她提醒同学不该当着孩子的面开电脑，当心孩子变成小网虫。同学听了不以为然，她说："我们家电脑不但是公共玩具，还是女儿的专用学习机！"章敏表示不可理解，同学就让女儿进行现场表演。小姑娘才刚刚5岁，已经能够十分娴熟地运用电脑，她点开了电脑中的看图识字游戏，一路过关斩将，很快就通了关。接着，小姑娘又演示了双语游戏，她的英语水平让章敏感到惊讶。和小姑娘一比，小挺就像一个小傻瓜，站在一旁惊奇地看着这一切，一脸羡慕的神情。

同学告诉章敏，她专门给孩子下载了这些益智学习类的游戏，让孩子一边儿玩一边学。如今，她的女儿刚刚上幼儿园中班，但已经掌握了大量的汉字，英语口语也让人刮目相看。听了同学的一番话，章敏感叹道："原来游戏也可以这样玩儿！"章敏现在特别后悔，她感觉自己太武断了，她的那套封闭式教育太落后了，她后悔自己剥夺了孩子游戏的机会，也让孩子失去了许多学习的机会。

同样是游戏，普通的家长，只会抓住它的缺点不放，不敢让孩子靠近它半步。那些聪明的家长，却能够发现游戏的种种神奇功能，然后利用孩子亲近游戏的机会，带孩子开展一场又一场别开生面的学习。电脑/智能手机的功能绝不仅仅是娱乐，如果你想做一个聪明的家长，就要将电脑/智能手机的学习功能开发出来，寓教于乐，让孩子玩中有学，学中有乐。

作为父母，如何才能让孩子利用电脑/手机进行学习呢？

1. 电脑/手机里有生动的看图识字教材

相对纸质书本，电脑/手机里的画面更具形象感和立体感，因此也更容易引发儿童的兴趣。如果把一系列需要学习的生字配上有趣的图片，再配上语音及音乐，那就是一部有趣的幻灯片或动漫。让孩子用这样的教材去识字学习，必将取得意想不到的效果。

2. 双语游戏让孩子从怕英语变成爱英语

爱玩是儿童的天性，如果把孩子关起来正襟危坐，然后一板一眼地教他读英语，只会让他们对学习产生厌倦感，结果往往得不偿失。双语游戏正好帮助我们解决这个问题，让学习变得和游戏一样好玩，让游戏变得和学习一样有益。一般的孩子可能会怕学英语，可是会玩双语游戏的孩子，个个都爱学英语。

3. 拼图游戏多方面拓展孩子的思维能力

拼图游戏具有很高的趣味性，可以带孩子走进奥妙无穷的几何王国。平时带孩子玩玩这类游戏，可以大大提高孩子的形象思维能力和逻辑思维能力。在拼图游戏由点到面的一系列过程中，孩子开始逐步理解局部与整体的关系，并从小建立起全局意识。此外，让孩子把一堆打乱的碎片一一拼接起来，还可以锻炼他们的耐力和定力，帮助他们成为一个睿智而稳健的人。

4. 益智游戏帮孩子从懵懂顽童变为佼佼神童

益智游戏对孩子的身心发展大有好处，它不但能够赋予孩子极大的乐趣，同时又能够开发孩子的内在潜力。这类游戏内容新鲜有趣，形式新颖活泼，通过玩游戏，孩子的脑、眼、手达到高度协调。经常进行此类训练，孩子在心智方面的发展必将受益匪浅。

 **学会选择**
——孩子究竟适合玩什么样的游戏

网上的游戏五花八门,但真正适合小孩玩的并不多。为了保证孩子的身心健康,我们在满足他们娱乐需求的同时,要注意选择一款真正适合他们的游戏,让孩子的游戏更绿色健康和有益,让孩子在娱乐中得到美的享受和学习的进步。

然而,令家长困扰的是,小孩子究竟适合玩什么游戏呢?什么游戏才能让孩子少受侵害,同时又能让孩子在审美情趣、思维训练和学习方面得到提升呢?

1.尽量为孩子选择富有美感的游戏

如今,网上充斥许多粗制滥造的游戏,人物造型样貌丑陋,动作笨拙僵硬,背景图片扭曲变形,经常接触这样的游戏,会让孩子偏离正常的审美观,甚至以丑为美。为了防患于未然,我们应该对孩子接触的游戏进行严格筛选,尽量选那些图案生动、人物活泼的游戏来满足孩子,让他们在游戏中完成美的熏陶。

勤勤妈妈最近发现,勤勤最近经常画一些奇怪的东西,有时候他会随手画一个恶眉倒竖的大南瓜,有时候又画一只奇丑无比的大虾兵。勤勤画的这些东西又抽象又夸张,而且毫无美感,让人看了感觉很别扭。妈妈问勤勤:"为什么要把好好的东西画成这样?"勤勤理直气壮地说:"游戏里的南瓜就是这样子的哦!"

原来勤勤这几天正在玩一种小游戏,游戏里的主角有随手涂鸦的坏习惯,他经常在墙上、玻璃上画一些乱起八糟的东西。不管什么东西被他画出来,全部失真和变形,给人的感觉十分不舒服。妈妈想,近朱者赤,近墨者黑,与其让孩子忍受这样的视觉摧残,还不如亲自上阵,替孩子选择一款优质的游戏。经人推荐,妈妈下载了一款儿童游戏,由专业美术师设计,图画和色彩都是一流,能够给人很好的视觉享受。勤勤很快就喜欢上了这个游戏,现在勤勤画画也恢复了原来的可爱,连妈妈也夸他画得越来越美了。

2.尽量为孩子选择色彩鲜艳的游戏

几乎每个人都喜欢晴空万里的艳阳天,很少有人爱乌云密布的雷雨天,同样的,柳暗花明、姹紫嫣红的春天,比寒风萧瑟、万木凋零的冬天更受人欢迎。这一切都说明,色彩鲜艳的景物可以对人产生更强烈的视觉冲击,能够带给人一种赏心悦目的快感。游戏的主题色调,可以直接左右游戏者的心情,所以我们在为孩子选择游戏时,要把色彩基调纳入选择范围。

小媞妈妈说,每当小媞玩那些色彩阴暗、基调沉郁的游戏时,她的脾气就会变得古怪而暴躁,如果玩输了,她会乱发脾气,如果玩赢了,她也高兴不起来。小媞妈妈说:"孩子玩游戏为的是高兴,可那样的游戏色调太沉闷了,经常面对那样的画面，心情怎么能好得起来？"为此，小媞妈妈果断删除那个游戏，给小媞安装了一款色彩鲜艳的儿童游戏，妈妈说："这款游戏色彩赏心悦目，单是看着就感觉好开心，孩子当然喜欢了！"

3.尽量为孩子选择声音悦耳的游戏

游戏的声音效果同样很重要。有些游戏虽然好玩儿，但声音刺耳，孩子经常处在这样嘈杂的环境中，对身心都会产生不利影响。如果能够给这些游戏配上悦耳的音乐，那么小小的游戏也会变成一场听觉盛宴。

朋友文岚一直患有神经衰弱，自从儿子喜欢上了一种叫作"小游击"的游戏后，搞得文岚几乎要精神崩溃了。原来，儿子玩的这个游戏声音非常尖锐，刺耳的噪音折磨得全家人不得安生。有一次文岚去同学家做客，听见他家书房里传来叮叮咚咚的音乐声，文岚忍不住问道："是你们家孩子在练琴吗？"同学回答说："这是孩子在打游戏呢！"文岚感叹道："原来游戏也可以有这样动听的声音！"文岚当即把这个游戏拷了下来，自从换上这个游戏，儿子的性格变得安静许多，文岚也不用再忍受那种疯狂的噪音了。

事实就是这样，音乐艺术可以与游戏有机地结合，从而让孩子在游戏中得到艺术的熏陶和滋养。只要我们善于选择和推荐，孩子必将从游戏中受益匪浅。

 让孩子在清风中尽情享受,在阳光下快乐成长

  尽管游戏好处不少,但并不意味着我们可以放松警惕。关于游戏的危害,小学四年级的许老师深有感触,他说:"一个暑假过去,我们班里的同学普遍发生了一升一降两种状况,那就是——体重升高了,视力下降了。"

  两个月的暑假确实有点漫长,没有了老师的监督和家长的看护,孩子应该怎样度过呢?这一直是一个难题。很多家长担心孩子外出,因此会在上班前嘱咐孩子:"写完作业好好在家待着,不许出去疯跑!"于是,对于那些闷在家里的孩子们,玩游戏自然就成了最主要的消遣。

  诚诚是许老师班里的学生,一个暑假的时间,就从一只小瘦猴变成了一个小胖子,还戴上了一副大眼镜。同学问他怎么变成了这副模样,诚诚懊恼地说:"都是游戏给害的!"

  诚诚的父母都是上班族,只能在周末陪孩子,平时家里只剩诚诚一个人。妈妈特意叮嘱过,只要诚诚不出门乱跑,在家里爱干什么干什么。就这样,诚诚每天除了看电视就是玩游戏,有时候一连四五个小时不动弹。由于缺乏运动,诚诚的小

肚腩渐渐鼓了起来，与此同时，诚诚的眼睛也出现了问题，先是感觉眼睛干涩，然后发展到看不清，直到后来才知道，诚诚因为长时间玩游戏，眼睛已经近视了。

游戏只能调动孩子手、眼和脑部运动，户外活动却能使孩子全身得到舒展。所以，用游戏替代户外活动是不可行的。孩子们正处在生长发育期，如果长时间玩游戏，身体很容易出现问题，甚至在游戏中"玩"出病来。

一般来说，孩子最容易出现以下两类疾病——

第一类：长时间盯着屏幕，容易造成眼睛疲劳，损害视觉

连续玩游戏超过一个小时，眼睛会出现干涩、瘙痒、疼痛等情况，这就是视觉疲劳的典型症状。如果不及时休息，很容易损害视觉神经，进而造成近视。

第二类：久坐不动，对孩子颈椎、脊椎和腰椎有损害

孩子正处在发育期，长时间保持一个姿势，容易造成骨骼畸形，比如驼背等。这个时候的骨骼发育将意味着孩子未来的体型，父母不可不慎。

经常闷在屋里玩游戏，孩子的运动量势必大大减少。缺乏锻炼的孩子，身体发育较同龄孩子要慢得多。同时，由于长时间处在室内，无法接受日照以及呼吸新鲜空气，会造成孩子缺钙，身体抵抗力也会有所下降，容易患上呼吸道疾病。

由此看来，长时间与游戏为伍，对孩子身体发育极为不利。为了孩子的健康，我们要鼓励他们动静结合。家长要抽出时间，带孩子走出家门，到户外去走一走、玩一玩儿，让孩子在清风中尽情享受，在阳光下快乐成长。作为父母，我们具体

可以这么做——

1.带孩子去看草、看树,让绿色为孩子的眼睛减压

屏幕对孩子的眼睛有很大刺激,而绿色植物能很好地缓解眼睛疲劳。放眼绿色世界,可以让孩子的眼睛变得更明更亮。所以,我们要多陪孩子出去走走,草地、花园和树林,都是孩子玩耍的最佳场所。

2.带孩子到户外走一走,让阳光为孩子补钙

孩子正处于身体飞速生长的时期,也是缺钙的高发期,长时间坐在电脑前,孩子会变得面色苍白、四肢乏力。为此,我们一定不要把孩子关在家里,而是要多带他们进行户外活动,让孩子和阳光做亲密接触,能够有效改善体质。

3.多呼吸新鲜空气,让孩子变得神清气爽

人在室内待久了,会感觉胸闷气短。同时,电脑、手机等电子产品不但会产生对人体有害的辐射,同时会产生大量静电。为了孩子的健康考虑,我们要多带孩子去户外,让他们呼吸清新空气,享受花草的芬芳。

4.让孩子离开游戏,去感受四季的冷暖

长时间玩游戏,会让孩子与世隔绝。越久待在室内,就越容易成为温室里的花朵。为了让孩子有一个健康的体魄,我们应该及时打开这道隔离门,让孩子走出去亲近大自然,去经历雨雪风霜,亲身感受四季的变迁。

5.陪孩子打球跑步,把他的全身细胞都发动起来

本来是活蹦乱跳、生龙活虎的年龄,很多孩子却变成十足的小懒虫,动不动就喊累。生命在于运动,可现在的孩子把

太多时间花在游戏上，大大减少了运动的时间，这对孩子的生长发育十分不利。我们要严格控制孩子的上网时间，鼓励他们多参加户外活动，动静结合，才是王道。我们做父母的，要尽量抽出时间，陪孩子打打球、跑跑步，让孩子从弱弱的小豆芽变成茁壮的小松树。

 **坚决不让孩子过于沉迷网络游戏**

游戏并非洪水猛兽，必要时让孩子偶尔打打游戏，都是可以的。但这里必须注意一个度，家长必须时刻留心孩子所接触的游戏类型，同时还要严格控制孩子参与游戏的时间，如果任由孩子沉迷其中，后果会很难预料。

任智是一个十二岁的少年，他的整个小学时期，上网时间并不多。他只是在周末或假期的时候玩玩游戏，因此并没有产生网瘾倾向，那时候的任智，日子过得充实、快乐。

上了初中以后，任智的妈妈开始做一份兼职，每天晚上很晚才回家，不能够好好地照顾任智。任智每天放学后，随便吃点晚饭，然后就开始玩游戏，直到妈妈快回来的时候，他才拿起作业装装样子。这样过了一段时间，任智的网瘾越来越大，每天放学后就迫不及待地上网打游戏，连晚饭也顾不得吃。在这期间，任智的学习直线下滑，后来发展到每天上课的时候吃语，对老师的提问答非所问。

　　妈妈得知这件事时,任智的情况已经相当严重,他整天沉浸在游戏的情境之中不能自拔,厌恶这个世界,希望自己永远充当游戏中人物。后来,妈妈不得已带他去看心理医生,在那里,她还见到了好几个这种情况的孩子。妈妈同其他家长交流的时候才知道,这些孩子都是因为过于沉迷游戏,才沦落到了现在这个样子。家长们看着孩子痴痴傻傻的样子,不由得悔恨交加。

　　要知道,网络和现实是两个完全不同的世界,现实世界是贴近地面的,而网络世界却是像天空一样虚幻。孩子长久处在游戏中,如同人长期处在失重状态下,长此以往,心理定位就会出现问题。如果接触游戏过久,孩子就会想当然地认为:"我在游戏里是大王,为什么在家里却要听妈妈的?""我在游戏里所向披靡,为什么在生活中却什么也不是?"这些质疑说明孩子开始与现实脱节,正在渐渐迷失方向。究其原因,长期的网络生活影响到了他们正常的认知能力和情感交流,家长如果不及时加以疏导,有可能会引发一系列的心理问题。

　　一般来说,孩子过于沉迷游戏,会造成以下几个方面的问题:

1.过度游戏导致情绪低迷、精神不振

　　长时间游戏刺激,孩子的大脑处于高度兴奋状态,使孩子原有的作息时间和睡眠节奏统统被打乱。有的孩子因为游戏太久,三更半夜还极度兴奋,到了白天上课的时候,却萎靡不

振,昏昏欲睡。长此以往,孩子的神经功能紊乱,并且导致一系列生理问题出现。很多孩子在停止上网后,都会有情绪低迷、心情焦虑的症状,具体表现为注意力不集中、失眠和偏头痛,这些问题不解决,孩子的身心健康都会受到损害。

2.过度游戏影响孩子的学习和生活

迷上游戏的孩子,会呈现出一种不知疲倦的状态,把大量时间和精力投入游戏当中。有的孩子为了挤出时间打游戏,省掉吃饭时间,宁可饿着肚子上网。有的孩子为了游戏不眠不休,人家午睡他上网,人家上课他睡觉。这种情形下,孩子的身体和学习都会受到影响。

3.过度游戏让孩子对现实世界感到厌倦

游戏越久,越容易迷恋那些虚幻的东西。年龄越小,越容易入戏,即使终止了游戏,他们还脱离不了那个虚幻的角色,以为自己就是无所不摧的神兽,或技艺超群的大侠。很多孩子因为沉迷游戏,开始对现实世界感觉到厌倦,对人群感到陌生,对正常的生活不适应,对学校生活也提不起兴趣,总是觉得枯燥乏味。

4.过度游戏会影响孩子的人际交往

孩子们长时间沉浸在虚拟情景之中,很容易迷失自我。比如,他们迷恋那个无所不能虚幻的自我,却排斥那个真实的自己,如果任由这样发展下去,会导致性格自闭。很多孩子因为游戏而变得越来越孤僻,他们的情商越来越低,厌恶人与人之间的交往,在社交方面形成了"人家不懂你,你也不懂得别人"的局面。

5.过度游戏对孩子的人格形成影响很大

孩子的性格,是要在现实世界中慢慢磨炼的。然而,过度迷恋游戏的孩子整天沉浸在天马行空的游戏中,与周围事物格格不入,感情淡漠,行为怪异,性情变得越来越另类。此外,这些孩子喜欢无限地夸大自我,却无视他人的感受,缺乏起码的同情心。这种扭曲的人格,必将直接影响他们以后的人生道路。

总而言之,我们家长在孩子玩游戏这个问题上,必须慎之又慎。我们必须切实帮助孩子树立正确的游戏观,让孩子把握一个恰当而合理的度,从而让孩子上网冲浪的同时,不偏航,不翻船,不在网海中失足沉溺。

后 记

著名音乐家贝多芬说："我不知道有什么比教养一个孩子成人更神圣的职责了。"的确，父母对孩子有着神圣的教养职责，尤其当孩子误入迷途的时候，就像迷失的羔羊在旷野中呼唤，此时父母不前去帮助又指望谁呢？

孩子玩游戏亦是如此。当孩子身陷游戏的汪洋大海之中，迷失了学习的目标，迷失了自己人生的方向，父母应该怎么做呢？事实上，关于孩子玩游戏，有一套系统科学的家教方法。孩子玩游戏绝不是一个简单的话题，它的背后藏着复杂的心理因素，并不是"一禁了之"就可以了。而且，孩子玩游戏也并非一无是处，它对孩子的大脑开发和心理成长同样具有促进作用。我们做父母的如何才能判断其中的是是非非呢？如何正确管孩子玩游戏，孩子才能做到与游戏和谐相处呢？可以说，本书的出版就是一个尝试。

目前，关于孩子玩游戏的家教图书少之又少，真正切实有效的实战图书更是凤毛麟角。本书的出版可以说填补了家教图书中的一项空白，为那些正被孩子玩游戏所折磨的父母们带来了福音。我们期望本书的出版，能够帮助父母有效管孩子玩游戏，让游戏成为孩子的良师益友，而不是成为孩子的恶魔和地狱。让本书成为父母和孩子沟通的桥梁，从此不再因为玩游戏而剑拔弩张。每个孩子都是优秀的，只要我们学会用正确的方法教孩子，他们的精神面貌就会焕然一新！

  从发心到践行，从践行到成稿，本书的创作历经一年之久。然而我的心情是忐忑的，因为我深知自己才疏学浅，书中内容尚存许多不足之处。可让我感到幸运的是，本书的选题和内容得到了天津科学技术出版社各位老师的认可和支持，这对我是一种莫大的鼓励。在本书修订过程中，天津科学技术出版社石崑老师、编辑部吴文博老师及扎根出版传媒行业20多年的好友孟奎均给予了关键性指导，让本书变得更加科学、严谨、丰富而实用。从某种意义上说，本书的顺利出版离不开大家的共同努力，它是众人智慧的结晶。在此，让我们对天津科学技术出版社各级领导、各位老师所付出的心血智慧致以崇高的谢意！

张兵

2021年5月14日于天津